W0332545

LE DEUXIÈME PIOLET

Les personnages de ce roman sont imaginaires. Toute ressemblance avec des personnes existant ou ayant existé serait le fruit du hasard. Les sentiments qui les animent, eux, sont bien réels et se rencontrent souvent dans la vie courante.

—

285, chemin des Chavaux, 74310 Les Houches
ISBN : 978-236545-073-7
Dépôt légal : mars 2020
—
leseditionsdumontblanc.com

Couverture : ©Fabrice Bertolotto

DOMINIQUE TETREAU

LE DEUXIÈME PIOLET

ÉDITIONS DU MONT-BLANC
Catherine Destivelle

À mon fils Stéphane,
Je lui dois bien cela.

29 octobre 2053, crête des Grangettes

— Chef, regardez, il y en a un autre !

— Un autre quoi, Giraud ?

— Un autre macchab, chef, regardez là-haut !

Le colonel Chappaz réprima un soupir et tourna la tête dans la direction indiquée. Ils étaient en fin de mission de sauvetage, et venaient de secourir trois alpinistes avec un succès partiel : l'un d'entre eux était mort de froid et les deux autres bien réfrigérés mais vivants ; ils s'en tireraient au mieux avec des gelures, au pire avec une amputation. Mais là n'était pas le problème, il était bientôt dix-huit heures, et le froid commençait à mordre en cette fin de saison. Après avoir passé sa journée à secourir des imprudents, il aspirait à redescendre dans la vallée, et le lieutenant Giraud semblait lui avoir trouvé une occupation différente, à lui et aux deux autres secouristes du PGHM qui constituaient l'équipe de secours.

— Où cela lieutenant ?

— Là-haut chef ! Vous voyez le sérac qui est tombé dernièrement ? Vous remontez un peu à gauche, c'est un macchab chef !

— Arrêtez de m'appeler chef, Giraud, et passez-moi vos jumelles !

Chappaz sourit intérieurement. Il aimait bien ce jeune lieutenant, natif du pays, sans arrêt en mouvement. Ses ancêtres, paraît-il, avaient été de grands guides dans la vallée de la Vallouise. Il en avait hérité en tout cas un sens inné de la montagne sous tous ses aspects : sens de l'itinéraire, mélange d'audace et de prudence, agilité et endurance, et avec cela, la météo dans le sang. Le jeune Félix Giraud aurait pu être son fils, et il l'affectionnait pour cela, malgré son caractère irrévérencieux et son sens de la discipline parfois élastique.

Il braqua les jumelles dans la direction indiquée et émit un grognement :

— Nom de Dieu ! C'est qu'il a raison le lieutenant ! Regardez, vous autres !

Il tendit les jumelles à l'adjudant Grolier. Après une minute d'observation, celui-ci acquiesça.

— Effectivement mon colonel ! C'est bien un corps disloqué qui dépasse sous la glace !

— Qu'est-ce qu'on fait, chef ? On va le chercher ?

— Vous avez vu l'heure, Giraud ? Dans une heure il fait nuit, et c'est plutôt expo là où c'est ! Un sérac peut se décrocher à tout moment, et pour y accéder, il vaut mieux passer par au-dessus que par en dessous ! Le mieux, c'est de revenir demain et de l'hélitreuiller. Si, comme je le pense, c'est le glacier qui nous le rend après je ne sais pas combien d'années, il ne va pas s'envoler cette nuit !

— Et si jamais le sérac au-dessus se casse la gueule cette nuit chef? Cela risque de l'écrabouiller complètement, et on ne saura jamais qui c'est!

— Lieutenant Giraud, il est peut-être là depuis cent cinquante ans! On ira le chercher demain, et cela nous fera une belle jambe à tous, car ceux qui peuvent s'y intéresser sont morts depuis longtemps. On retourne! Exécution! Rendez-vous demain au PGHM à huit heures. Pour maintenant, j'appelle l'hélico.

Un quart d'heure après, l'hélicoptère bleu venait chercher les quatre hommes sur la moraine. Le soleil baissait à l'horizon et il faisait carrément froid en ce mois d'octobre. Signe de beau temps pour demain. Chappaz dit au pilote:

— Tu vois la langue glaciaire, là à quinze heures? Essaie de t'approcher un peu, Giraud a trouvé quelque chose, ou plutôt, quelqu'un.

Deux minutes après, l'hélico était à l'aplomb de la chose.

— Descends au maxi, et écarte-toi un peu vers l'aval, qu'on y voit clair...

La manœuvre effectuée, les quatre hommes ne pouvaient s'empêcher de détailler la découverte macabre, qui était maintenant visible à l'œil nu. Un sérac s'était écroulé récemment, laissant sur la langue glaciaire une cicatrice caractéristique d'un beau bleu clair. Coincée sous cette dernière, une forme humaine dépassait en partie. On distinguait un bras, un tronc et une jambe à l'équerre, le reste étant pris sous la gangue de glace. Le tout habillé d'un anorak qui avait été rouge.

— Cela ne va pas être de la tarte de le sortir de là ! Pas question avant demain, et encore, si le temps le permet ! Il n'empêche, Giraud, vous avez de sacrés bons yeux pour voir ce genre de chose de si loin !

— C'est inné chef ! C'est mon grand-père qui m'a appris à tout observer ! Je ne peux pas m'empêcher de regarder autour de moi ; alors, forcément, je trouve des choses ! Dites, je pourrai y aller, demain, mon colonel ?

Chappaz apprécia le passage de « chef » à « mon colonel », qui accompagnait la demande. Bien sûr, les qualités de Giraud seraient précieuses pour cette mission de récupération d'un corps en montagne. Un de plus, et pour quelle conclusion ? Qu'il était un peu mort ? Cela, on le savait déjà. N'importe, cela faisait partie de leur métier, et la mission du lendemain était toute trouvée.

— Rendez-vous demain au rapport à huit heures tous ! On avisera comment on procède.

Chappaz connut une nuit agitée, et se réveilla plusieurs fois. Il repensait à leur mission de sauvetage de la veille ; un mort et deux blessés, c'était malheureux pour les familles, mais après tout, ces gens s'étaient lancés en montagne en connaissant les risques qu'ils prenaient, du moins en théorie, et pour lui, commandant du PGHM, c'était sa routine. Il repensait surtout à ce « macchab » que Giraud avait découvert un peu par hasard. Les moyens de secours en montagne étaient tellement sophistiqués depuis des années que la découverte d'un corps disparu depuis longtemps était devenue exceptionnelle : en trente ans de carrière, cela ne lui était arrivé que trois fois, et c'était toujours la même histoire : quelqu'un tombé dans une crevasse des dizaines d'années auparavant et restitué par le glacier qui avance. Qui était cet homme (ou cette femme) ? Que lui était-il arrivé ? Depuis combien de temps était-il prisonnier du glacier ? Il en saurait peut-être un peu plus demain.

PGHM de Briançon, 30 octobre 2053

— Alors, les gars, bien dormi ?

— Super, chef ! Alors, on va récupérer Narcisse ?

Chappaz devina que le jeune Giraud désignait ainsi le « macchab » découvert hier.

— Pourquoi l'appelez-vous Narcisse, lieutenant Giraud ?

— Parce que c'était la Saint Narcisse hier, chef.

Il suffisait effectivement d'y penser. Quitte à se blinder avant de découvrir et remuer des choses désagréables, Chappaz y alla de son humour à lui.

— Bon, les gars, on décolle dans une demi-heure. On ne change pas l'équipe d'hier : Giraud, Grolier, Brun, vous préparez de quoi hélitreuiller, une bâche, de quoi prendre des photos, tout le fourbi habituel pour ce genre de mission. Et Giraud, je vous le promets, si dans un an et un jour, personne n'est venu le réclamer, ce macchab est à vous.

Une demi-heure après, l'hélicoptère s'élevait au-dessus de Briançon et filait vers le lac de l'Eychauda. Le temps était clair et lumineux en ce 30 octobre, mais l'équipe de secours n'avait pas le cœur d'admirer les sommets environnants, face à la tâche macabre qui l'attendait.

En cinq minutes, ils étaient sur les lieux. Le pilote se positionna au-dessus du corps. Ce dernier se trouvait effectivement coincé sous un sérac d'une quinzaine de mètres, en équilibre forcément instable, tout sérac étant amené à tomber un jour.

— Comment est-ce qu'on procède, mon colonel ?

— Il y a deux solutions : soit on dépose l'équipe sur le sérac et on pose un rappel pour rejoindre le corps, soit tu peux faire du sur place au-dessus, et quelqu'un descend voir ce qu'il en est. Tu peux faire du surplace pendant 5 minutes ?

— Aucun problème, mon colonel, il n'y a pas de vent.

— Je veux bien y aller, mon colonel ! La voix de Giraud avait couvert le bruit des rotors.

— OK, Giraud, vous y allez, mais pas tout seul, on va vous hélitreuiller tous les trois. Brun, prenez la radio, qu'on puisse se parler.

En cette fin de saison, les hommes étaient surentraînés ; en quelques minutes, les trois hommes étaient à côté du corps. L'échange par radio commença, sur fond de rotors.

— Alors les gars ?

— Alors, il est mort, chef !

— Très drôle, mais encore ?

— J'ai un bras, une jambe, un morceau de tronc. Le reste est coincé sous la glace. Il y a un bout de baudrier qui dépasse…

— Vous pouvez le tirer ou pas ?

— Non, chef, c'est trop coincé, tout ça ! Le mieux, ce serait que le sérac tombe.

Chappaz jeta un œil sur ledit sérac. Il était déjà à moitié détaché, avec deux lignes de fracture verticales bien nettes de chaque côté. Avec une petite charge d'explosif, on pourrait peut-être accélérer le cours des choses.

— Remontez, les gars, j'ai un plan !

Le pilote hélitreuilla les trois hommes à tour de rôle. Chappaz exposa son plan : d'abord assurer le corps à l'aide d'une corde qu'on amarrerait assez loin, puis mettre deux charges d'explosif de chaque côté du sérac pour le faire tomber, puis récupérer le corps.

— Brun, Grolier, vous êtes artificiers, vous disposez les explosifs, je vais descendre avec Giraud pour assurer Narcisse, ce serait dommage qu'il dévisse…

Ce genre d'humour permettait de faire face à ces situations difficiles.

Chappaz descendit à son tour, et se rendit compte que la situation décrite par Giraud était fidèle : les restes d'un bras, un bout de tronc revêtu d'un vêtement dont on devinait qu'il avait été rouge, une jambe à l'équerre. Giraud avait toutefois omis un détail : une chaussure à coque plastique était restée solidaire du pied. Chappaz fouilla sa mémoire ; il se souvenait avoir retrouvé ce genre de godasse dans les affaires de son grand-père ; elles ne se faisaient plus depuis bien longtemps. Narcisse pouvait bien être là depuis soixante-dix ou quatre-vingts ans.

— Bon, les gars, faut pas rester trop longtemps ici, Brun, Grolier, vous posez vos charges. Giraud, vous l'amarrez vingt mètres à gauche et moi vingt mètres à droite. On remonte tous et on déclenche le feu d'artifice !

Dix minutes après, les quatre hommes étaient remontés à bord de l'hélico. Ce dernier prit un peu de distance et Chappaz déclencha l'explosion. Ce fut net et sans bavure : le sérac alla se fracasser en bas de la langue glaciaire, découvrant un corps plutôt bien conservé.

— Giraud, venez avec moi, on redescend chercher Narcisse. Vous autres, assurez-nous, on ne sait jamais avec ces séracs…

Les deux hommes redescendirent, allèrent récupérer chacun de leur côté le brin de corde sur lequel ils avaient assuré le corps, et se rapprochèrent de celui-ci pour l'envelopper dans la bâche. Arrivé à quelques mètres, Chappaz sursauta :

— Nom de Dieu ! Giraud, vous avez vu ?

Le lieutenant détailla le corps. La face était noircie, mais on distinguait une touffe de cheveux encore bruns. Le glacier avait roulé le corps en mettant ses membres dans des postures invraisemblables, mais les matériaux synthétiques avaient résisté au temps : anorak, coque plastique, baudrier, un bout de corde attaché à celui-ci. Son sac à dos avait résisté à l'usure du temps lui aussi.

— Vous vous demandez pourquoi il est tout seul chef ? Vous savez, on trouvera peut-être son compagnon de cordée dans quelques jours, le glacier peut les avoir séparés. De toute manière, pour maintenant…

— Giraud, vous qui êtes observateur, vous me décevez ! Regardez la corde.

Le lieutenant observa cette dernière. Elle aussi – nylon oblige – avait bien résisté à l'usure du temps. Un nœud d'encordement se prolongeait par environ six mètres de corde.

— Eh bien, mon colonel, la glace aura fait frotter la corde sur le rocher jusqu'à la rupture…

— Non, Giraud, regardez bien, elle est coupée net, comme avec un canif. À six mètres du baudrier, ce n'est pas Narcisse qui a pu le faire tout seul. Quelqu'un a coupé la corde, Giraud ! Il y a quatre-vingts ans environ.

— Pourquoi quatre-vingts ans chef ?

— Arrêtez de m'appeler « chef » et regardez la godasse, Giraud ! Cela remonte aux années 1980, si je ne m'abuse.

— Et alors, la corde coupée, vous pensez que c'est un crime, chef, je voulais dire mon colonel ?

— Je ne sais pas, Giraud, tout ce que je sais, c'est que ce n'est pas normal. On va le redescendre et essayer de l'identifier.

Quelques minutes plus tard, l'hélico emmenait l'équipe de secours et son sinistre chargement au bout d'un filin.

17 juillet 1983 Clavière, frontière franco-italienne

Elena consulta sa montre : vingt-deux heures, il ne viendrait plus. Encore un macho qui lui avait fait miroiter l'évasion à deux, l'aventure aux Seychelles, et une vie de farniente. En fait, ce qui l'intéressait, c'était de coucher avec elle une fois et après, adieu Berthe !

Elle alluma une nouvelle cigarette, la dernière du paquet qu'elle avait acheté il y avait cinq heures maintenant. Cinq heures à poireauter sur ce parking en face de l'église de Clavière, sur la frontière italienne. La suite du programme devait être Turin, puis les Seychelles. Cela risquait fort de se terminer toute seule dans un hôtel à Montgenèvre ou Briançon, si elle en trouvait encore un.

Puis il faudrait rendre et payer la voiture de location que ce salaud lui avait demandé de prendre.

« Bon, je te laisse encore le temps d'une cigarette, après, je mets les voiles et je passe à autre chose. » Cinq minutes après, le parking était toujours aussi désespérément vide.

Elle rejoignit la cabine téléphonique et rappela son numéro privé pour la dix-septième fois. Le message fut laconique et sec :

« Guillaume, c'est Elena. Sache que je n'aime pas le lapin. Adieu. »

Elle démarra et fila vers la frontière.

17 juin 1983

Guillaume,

Cette lettre est la dernière que je t'envoie.

Voici deux ans que j'ai tout quitté pour toi : mon mari, mes enfants, mon travail.

Voici deux ans que tu me promets l'avenir avec toi, et que tu diffères.

Voici deux ans que je t'attends dans ta garçonnière.

Dans un mois jour pour jour, si nous ne sommes pas partis ensemble, je m'organiserai différemment.

Je t'aime et te l'ai assez prouvé, mais ne vais pas passer ma vie à t'attendre.

Vera

18 juillet 1983

« D'Antin et Cie, bonjour ! Non, Monsieur d'Antin n'est pas encore là. Il devait vous rappeler dès ce matin ? Je lui laisse votre message et il vous appelle dès qu'il est là. »

Yvonne Fréaud reposa le combiné en soupirant. Onze heures du matin et le patron n'était toujours pas là. Cela ne lui ressemblait pas du tout. Travailleur autant que tyrannique, il était toujours là à huit heures précises, souvent bien avant, et ne ratait jamais une remarque cinglante vis-à-vis d'un collaborateur retardataire. Si lui-même devait être en retard d'une minute, il l'appelait pour prévenir. Là, trois heures de retard déjà, pas de nouvelles, alors que c'était le jour J de la fusion-acquisition par les Américains. Le PDG de la société qui devait les racheter avait déjà appelé trois fois. Pas sa secrétaire, non, lui personnellement. La dernière fois, il n'avait pas caché son agacement.

Le pire, c'est que Madame d'Antin avait appelé, elle aussi, visiblement inquiète. Elle ne l'avait pas revu depuis quatre jours qu'il était parti dans les Alpes faire cette excursion. Yvonne avait bien pensé qu'il avait fait un dégagement avec sa maîtresse, cette fameuse Vera, seulement voilà, elle aussi avait appelé, manifestement aussi inquiète que la légitime. Impossible de parler de l'une à l'autre bien évidemment. Elle n'avait qu'à continuer à tout entendre et ne rien dire. En attendant d'autres coups de fil.

François, le délégué du CE, poussa la porte.

— Il est là le boss ? on a réunion à onze heures !

Yvonne consulta l'agenda. Effectivement, il devait y avoir une ultime réunion avec le CE avant le rendez-vous de l'après-midi avec les Américains. Avec le week-end, elle l'avait un peu oublié.

— Non François, il n'est pas encore arrivé, tout le monde le demande, et je commence à m'inquiéter…

— Cela t'étonne ? Ce n'est pas le respect des autres, et notamment du personnel, qui l'étouffe ! Il aura prolongé son week-end avec sa copine, c'est tout !

Yvonne réprima un sourire. La vie de patachon du patron était un secret bien mal gardé, décidément. Le seul problème, c'est que la « copine » n'était pas avec lui. Mais elle ne pouvait pas en faire état pour l'instant. À moins qu'il y en ait une autre. Mais la connaissance de la vie intime de son patron n'allait pas jusque-là.

— Bon, qu'est-ce qu'on fait ? On l'attend ?

La sonnerie du téléphone ne laissa pas à Yvonne le loisir de répondre ; elle décrocha, manifestement stressée par ce qu'elle allait entendre et devoir répondre.

— Madame Fréaud, c'est Madame d'Antin à nouveau. Je suis folle d'angoisse. Je viens d'avoir mon frère, qui était avec mon mari ce week-end dans les Alpes. Il me dit qu'ils se sont quittés avant-hier midi. Lui aussi ne comprend pas qu'il ne soit pas là. J'appelle la police maintenant.

Yvonne ne trouva rien à répondre ; de toute manière, elle n'en avait pas eu le temps, son interlocutrice ayant raccroché en étouffant un sanglot.

Le téléphone étant un outil fort indiscret, François avait tout entendu.

— Ben dis donc, cela a l'air sérieux ! Qu'est-ce qui s'est passé ?

— Tu en sais autant que moi, François. Tout ce que je peux te dire, c'est qu'il est parti jeudi dernier dans les Alpes pour une excursion. Ce que je viens d'apprendre en même temps que toi, c'est qu'il était avec son beau-frère, et qu'il n'est nulle part puisque tout le monde le cherche.

— Bon, ben, je retourne au turf, appelle-moi quand il arrive…

— François, reste discret, ce n'est pas la peine de remuer…

— … la merde ! c'est pourtant bien là qu'il va tous nous laisser !

Deux heures après, les commentaires allaient bon train à la cantine. Le boss avait disparu, le jour même où il devait finaliser la vente de sa boîte aux Américains. Comme toujours dans ce genre de situation, les avis étaient partagés, et même opposés. Certains considéraient qu'il ne pensait qu'à partir avec un gros chèque pour une retraite de rêve, en se moquant bien de ce que deviendrait le personnel. D'autres estimaient que rien n'allait changer, et que les méthodes américaines allaient même créer des opportunités. Bien évidemment, le comité d'entreprise avait fait l'objet de toutes les consultations légales, et était farouchement opposé à ce projet de vente, craignant des licenciements à l'américaine. De toute manière, la vente était faite, le rendez-vous avec les Américains de cet après-midi avait pour objet les dernières signatures, et le rendez-vous du matin avec le CE n'existait que pour rassurer les salariés.

À quatorze heures précises, la malheureuse Yvonne dut faire face aux représentants de la société américaine acheteuse, et ne savait pas trop quoi leur dire. Cela ne dura pas longtemps ; Maître Dufour, l'avocat de d'Antin, se présenta à son tour et, dans un anglais impeccable, prit la parole.

— Mon client, Monsieur d'Antin, vous prie de l'excuser. Il ne viendra pas à ce rendez-vous, sachant que toutes les modalités – financières notamment – ont été arrêtées avec vous-mêmes la semaine dernière. Il m'a donné procuration pour la cession de ses titres. Aussi, je vous propose que nous passions dans son bureau pour ce faire.

Les Américains protestèrent pour la forme, mais leur avocat les rassura rapidement après examen des documents produits par son confrère.

— C'est OK sur le plan juridique, Messieurs, on peut y aller. Monsieur d'Antin est un malpoli, mais on peut y aller.

Devant cette déclaration ahurissante, Yvonne passa d'un rouge cramoisi à une pâleur extrême.

— Maître, je ne comprends pas, je…

— Je vous demande vingt minutes, Madame Fréaud, j'ai à vous parler après la signature.

Ainsi, cette absence n'était pas due au hasard, et cet avocat, qu'elle avait toujours considéré comme pourri, était au courant de quelque chose, et avait tous les pouvoirs pour vendre la boîte. Mais alors, Madame d'Antin, qu'est-ce qu'elle savait, et la maîtresse ? Et eux, qu'est-ce qu'ils allaient devenir, puisque, finalement, leur patron était bien parti à la cloche de bois. François, le délégué du CE, avait peut-être bien raison. Elle se jura de ne pas laisser partir l'avocat sans lui faire dire ce qu'il savait.

Elle n'eut pas à attendre longtemps ; la porte du bureau de direction s'ouvrit, laissant sortir les représentants de la firme acheteuse, affichant un air important et satisfait. Les salariés qu'ils croisèrent, eux, paraissaient franchement inquiets.

— Madame Fréaud, j'ai un message à vous transmettre de la part de Monsieur d'Antin.

— Je n'en attends pas moins et je vous écoute.

— Il m'a dit de vous transmettre sa grande satisfaction par rapport à vos qualités professionnelles, et que des considérations d'ordre personnel faisaient en sorte qu'il n'est pas là aujourd'hui. En bref, je vous transmets ses adieux.

— C'est intelligent ! Il ne pouvait pas me le dire ! Moi j'ai tout le monde sur le dos depuis ce matin ! Sans parler de sa femme qui téléphone toutes les cinq minutes ! Je lui dis quoi, moi, la même chose ? D'abord où est-il ?

Maître Dufour eut un sourire en coin.

— L'un de mes confrères doit la contacter, je ne m'occupe pas de ses affaires privées.

— En clair, il la plaque et il se tire ?

— Je n'ai rien à vous dire là-dessus. Au revoir Madame Fréaud.

L'avocat s'étant retiré, Yvonne Fréaud se prit la tête dans les mains et se mit à sangloter. Quels goujats ces mecs ! D'abord d'Antin, qui se tire comme un voleur après avoir vendu sa boîte et menti effrontément au personnel, à sa femme, et même à sa maîtresse ! Même si elle n'approuvait pas sa conduite, elle ne pouvait s'empêcher de faire preuve de solidarité féminine avec cette dernière. Et puis, cet avocat, de mèche avec lui, qui avait couvert sa fuite, parce que c'en était une belle ! Mais où était-il parti, et surtout avec qui ? Car elle n'imaginait pas un instant qu'il soit parti seul. Sans « casse-croûte » comme il disait si obligeamment.

Elle ne put s'empêcher de pénétrer dans le bureau de direction. Elle voulait savoir. Ce qui la frappa le plus, c'était le vide. Rien dans les tiroirs. Le plateau du bureau était lisse comme un billard. Machinalement, elle regarda dans la corbeille à papier, qui, curieusement, n'était pas vide. Tiens, c'est curieux, se dit-elle. Puis elle se souvint que d'Antin était parti mercredi dernier, le jeudi 14 étant férié, et que la femme de ménage n'était pas venue, exceptionnellement, vendredi. Elle retourna la corbeille sur le bureau. Des fax de pub, le télex journalier du chiffre d'affaires, plusieurs documents de routine qu'on jette après usage. Ils étaient tous froissés, sauf un, hâtivement déchiré en plusieurs morceaux. Elle eut un souvenir fugace : mercredi soir avant de partir, d'Antin avait fermé sa porte pour passer quelques coups de fil, puis elle avait nettement entendu le bruit caractéristique d'une feuille qu'on déchire, puis il était parti en lui disant bonsoir. Elle mit une heure à reconstituer les morceaux. Au verso de ce document, elle reconnut l'écriture de son patron sur deux lignes :

– RV Léoni refuge du Glacier Blanc

– Voiture de loc LNA, suivi d'un numéro de téléphone.

Léoni, c'était tout simplement le frère de sa femme, cela expliquait le coup de fil de ce matin ; en revanche, pourquoi louer une Citroën LNA ? Il pouvait se payer autre chose !

Elle plia le papier et le mit dans son sac à main. On ne sait jamais.

18 juillet 1983, commissariat du XVIe

— Commissaire, il y a une dame qui veut vous voir…

— Elle a rendez-vous ?

— Non, mais elle insiste !

— Qui est-ce ?

— Madame d'Antin. Elle dit que son mari a disparu…

Le commissaire réprima un sourire.

— On voit cela plusieurs fois dans l'année, pas vrai Langlois ? Il y a très exactement dix mille personnes qui disparaissent par an et qui ne sont pas mortes pour autant. Bon, envoyez toujours !

Nicole d'Antin fit son entrée, les traits tirés. Elle s'était à peine maquillée, et la nuit blanche se lisait sur son visage défait. Elle était complètement hystérique, et hurla plus qu'elle ne dit :

— Monsieur le commissaire, mon mari a disparu !

Cela commençait bien. Le commissaire Andréani savait comment gérer ce genre de situation.

— Avez-vous une pièce d'identité, s'il vous plaît ?

— Commissaire, c'est grave ! je ne sais pas où il est ! Les formalités, cela peut attendre !

— Madame, je vous confirme ma demande, si je ne sais pas qui vous êtes et qui est votre mari, je ne vais pas aller bien loin. Voulez-vous me donner votre carte d'identité s'il vous plaît ?

En soupirant, Nicole d'Antin retira celle-ci de son sac à main et la tendit au commissaire, qui entreprit alors de détendre l'atmosphère, tout en inscrivant des données sur une fiche.

— Voyons voir : Nicole d'Antin, née Léoni, née le 25 janvier 1945 à Bastia – tiens vous êtes d'origine corse, c'est comme moi ! – demeurant 75 avenue Victor Hugo. Quelle est votre profession, Madame ?

— Je ne travaille pas.

— Et votre mari ?

— Il dirige son entreprise, d'Antin et Cie.

— Ses coordonnées ?

— D'Antin Guillaume. Il est né le 10 août 1938 à Paris. L'adresse est la même bien sûr.

— Quand l'avez-vous vu pour la dernière fois ?

— Jeudi dernier.

— Il vous a donné des nouvelles depuis ?

— Non.

— Jeudi ! et vous ne vous manifestez que maintenant !

Nicole d'Antin dissipa le malentendu.

— Il est parti jeudi en montagne faire une excursion avec mon frère. Il aurait dû rentrer dimanche dans l'après-midi ; jusque-là je ne me suis pas inquiétée. Dimanche soir, j'ai appelé mon frère qui était revenu chez lui. Il était très étonné que mon mari ne soit pas à la maison. J'ai passé une nuit épouvantable. Et ce matin, il n'est pas allé à son bureau.

— Il n'a pas fait le voyage avec votre frère ?

— Mon frère habite à Nice, ils se sont retrouvés sur place, à Briançon.

— Que vous a dit exactement votre frère ?

— Qu'ils se sont quittés samedi, et qu'il me rappellerait aujourd'hui ; il était avec des amis chez lui et ne pouvait pas trop parler au téléphone.

— Récapitulons. Votre mari quitte Paris jeudi, comment, au fait ?

— En avion jusqu'à Grenoble, puis en voiture de location jusqu'à Briançon où il devait retrouver mon frère.

— Vous a-t-il téléphoné pour vous dire qu'il était bien arrivé ?

— Non, mais mon frère l'a bien retrouvé, il me l'a confirmé.

— En quoi consistait cette excursion ?

— Ils devaient monter dans un refuge vendredi, faire un sommet samedi, et rentrer chacun de leur côté dimanche, après avoir passé la soirée ensemble et dormi sur place.

— À part ce coup de fil que vous avez passé à votre frère, avez-vous eu des nouvelles de l'un ou de l'autre durant ces quatre jours, Madame ?

— Non.

— Votre mari était-il dépressif, Madame ?

— Oh ! que non ! C'est tout le contraire ! hoqueta-t-elle avec un rictus.

— Pardonnez la brutalité de la question, Madame, connaissez-vous ou soupçonnez-vous une liaison à votre mari ?

Malgré sa confusion, Nicole d'Antin laissa fuser la réponse :

— Oui.

— Connaissez-vous la… personne ?

— Je ne la connais pas personnellement, mais je sais qui c'est…

— C'est-à-dire ?

— Il s'agit de l'ex-femme d'un ancien directeur commercial de la société, Madame Dujardin.

— Et vous aviez donc imaginé que votre mari aurait pu être avec cette personne avant de rentrer chez vous ?

— Cela aurait été possible, mais il m'aurait appelée, quitte à inventer une histoire pour expliquer qu'il ne rentrait pas, c'est déjà arrivé…

— Excusez mon insistance, mais comment gérez-vous cette situation au quotidien ?

Nicole d'Antin ne contint plus ses sanglots.

— Je ne l'accepte plus, Monsieur le commissaire, je ne l'accepte plus ! Un temps, j'ai fermé les yeux, pensant qu'il me reviendrait, puis j'ai appris qu'il avait installé cette salope dans un studio, qu'il a payé, bien sûr. C'était aussi l'objet de cette sortie en montagne ; je comptais sur mon frère pour le ramener à la raison.

Le terme de salope dans la bouche plutôt BCBG de Madame d'Antin trahissait bien son émotion. Andréani enchaîna :

— Comment cela ?

— Mon frère et mon mari se sont toujours bien entendus. Ils sont tous les deux chefs d'entreprise, ils ont le même âge. Ils aiment tous les deux la montagne. Cette sortie, ils devaient la faire l'an dernier, mais cela n'a pas été possible à cause du temps. Ils l'avaient donc reportée de longue date au week-end dernier. Ce qui a changé depuis l'an dernier, c'est cette liaison de mon mari. J'avais mis mon frère au courant. Il m'avait promis de profiter de cette excursion pour lui parler entre hommes, et tenter de le raisonner. Je ne vous cache pas que s'il ne revenait pas, j'envisageais sérieusement de demander le divorce.

— Et dimanche soir, votre frère ne vous a strictement rien dit là-dessus ?

— Non, hélas ! J'ai senti comme une gêne au téléphone quand il m'a dit qu'ils s'étaient quittés samedi. Il ne pouvait pas parler librement, mais j'ai senti que quelque chose s'était passé entre eux.

— Et vous ne l'avez pas rappelé ce matin ?

— J'ai eu ma belle-sœur au téléphone. Il est parti en déplacement en Italie tôt ce matin. Elle m'a dit qu'il me rappelait sans faute dans la journée.

— Bon, eh bien, dès que vous avez de ses nouvelles, appelez-moi, de mon côté, je vais essayer d'en savoir un peu plus du côté de cette Madame Dujardin. Savez-vous qui pourrait me donner ses coordonnées ?

— Oui, la secrétaire de mon mari, Madame Fréaud. Sachant qu'elle a dû changer de nom ; Dujardin, c'était le nom de son mari.

— OK. Si vous voulez bien me donner le téléphone de votre frère, et celui de cette Madame Fréaud, cela m'évitera de les chercher.

Le commissaire se leva pour mettre fin à l'entretien, et raccompagna Nicole d'Antin. En revenant vers son bureau, il appela son adjoint, l'inspecteur Langlois.

— Venez, Langlois, on va quand même ouvrir un dossier, et j'ai un peu de boulot pour vous.

— « Quand même » patron ?

— Oui, cela sent le vaudeville à plein nez : un mari industriel et volage, une femme qui ferme les yeux puis se révolte, une cocotte dans un studio, un week-end à rallonge, du classique, quoi. Toutefois, il y a deux choses qui m'interpellent.

Le commissaire Andréani résuma l'entretien avec Nicole d'Antin, et précisa ce qui l'intriguait :

1) Qu'il ne se soit pas manifesté au bureau, c'est curieux.

2) Il s'est passé quelque chose avec le beau-frère, je le sens.

— Voilà ce que je vous propose, Langlois, je vais rendre visite à d'Antin et Cie, et à mon retour, on se répartit le boulot.

19 juillet 1983

Andréani fit son entrée au siège de D'Antin et Cie et s'annonça à l'accueil. Les quelques mètres qui le séparaient du bureau d'Yvonne Fréaud furent ponctués des regards et chuchotements qui accompagnent habituellement la venue d'un officier de police dans une société privée. Surtout que là, les hypothèses les plus variées circulaient quant à la disparition du patron, enfin, de l'ancien patron, puisque le nouveau, nommé par les Américains, devait arriver incessamment.

— Madame Fréaud, commissaire Andréani. J'aurai quelques questions à vous poser à propos de Monsieur d'Antin.

— Entrez, Monsieur le commissaire, je vous en prie.

— Pouvez-vous me dire quand vous avez vu Monsieur d'Antin pour la dernière fois ?

— Oui. Mercredi soir vers dix-neuf heures, quand il est parti.

— Étiez-vous au courant de son occupation de ces derniers jours ?

— Oui, il m'avait informée qu'il devait faire une course en haute montagne, puis revenir ce matin.

— Il avait l'habitude de ce genre de week-end prolongé ?

— Cela lui arrivait.

— Vous êtes-vous occupée d'organiser son déplacement, avion, hôtel, etc.

— Pas du tout, cela m'a du reste un peu étonnée, car même pour un déplacement privé, Monsieur d'Antin me demandait de lui réserver ses billets. je n'y ai pas prêté attention plus que cela avant son départ, mais c'est vrai que c'est surprenant.

— Savez-vous où il allait exactement, et s'il devait retrouver quelqu'un ?

Yvonne Fréaud rougit légèrement, car elle n'en savait rien jusqu'à ce qu'elle ait fouillé dans la corbeille. Au point où l'on en était, autant dire la vérité tout de suite, ce qu'elle fit, en tendant le papier reconstitué la veille.

— J'ai découvert qu'il devait retrouver Monsieur Léoni, c'est le frère de sa femme, au refuge du Glacier Blanc. Et puis, il y a ce numéro de téléphone, j'ai regardé, c'est celui d'Europcar à Briançon.

Le commissaire sourit intérieurement. Pas bête la fille ! Si tous les enquêteurs étaient comme cela !

— Vous les avez appelés ?

— Oui, juste pour savoir à quoi correspondait ce numéro, mais je ne leur ai rien demandé, je ne me le serais pas permis…

— Vous avez bien fait ! Je vais prendre le relais sur ce plan-là, et vous demande de me confier ce document. En tout cas, bravo pour votre perspicacité. Autre question, que pensez-vous personnellement de cette disparition ?

— Je ne sais plus quoi penser depuis l'intervention de Maître Dufour hier ; avant, je me disais qu'il était arrivé quelque chose à Monsieur d'Antin ; depuis j'ai tendance à penser qu'il est parti et a bien organisé son départ.

— A-t-il des ennemis ?

— Vous savez, à ce niveau de responsabilités, on n'a pas que des copains ; les concurrents, les salariés, les syndicats…

— Y a-t-il eu des licenciements dans l'entreprise ces derniers temps ?

— Hélas oui ! pas mal, et cela risque de continuer.

— C'est-à-dire ?

— Monsieur d'Antin ne supportait pas la contradiction ; soit on lui obéissait au doigt et à l'œil, soit il vous carbonisait.

— Pourquoi parlez-vous de lui à l'imparfait ? Ce n'est pas parce que je suis là qu'il est mort !

— Non, mais il est parti, et maintenant, ce sont les Américains les patrons !

— Étiez-vous au courant de cette cession de l'entreprise ?

— Pas vraiment. Je savais que des discussions étaient engagées avec une société américaine, mais j'en ignorais la nature exacte. S'agissait-il d'un rapprochement, d'une prise de participation, d'une joint-venture, je n'en savais rien. De là à imaginer une cession pure et simple…

— Connaissez-vous Madame Dujardin ?

Yvonne Fréaud piqua un fard.

— Euh oui…

— Je vais vous mettre à l'aise ; pour appeler un chat un chat, je sais que c'est la maîtresse de Monsieur d'Antin. Savez-vous depuis combien de temps ?

— Oh, c'est simple, Monsieur Dujardin a quitté l'entreprise il y a deux ans, ce doit être juste après.

— Il faisait quoi, Monsieur Dujardin ? Et quel est le rapport de cause à effet ?

— Il était directeur commercial. Un jour, il a été en désaccord avec le patron sur la stratégie à adopter ; ils se sont violemment opposés, alors Monsieur d'Antin l'a viré.

— Et sa femme, dans tout cela ?

— Juste après le licenciement de son mari, elle est venue faire un numéro de charme pour qu'il le reprenne.

— Si je comprends bien, le numéro de charme a opéré, mais pas dans le sens escompté ; et après ?

— Après, les avocats ont pris le relais ; Monsieur Dujardin a assigné Monsieur d'Antin devant les Prud'hommes.

— Et il a gagné ?

— Oui, et Monsieur d'Antin a fait appel. La procédure en est là.

— Je suppose que l'avocat est bien au courant ?

— Oui bien sûr.

— Quand je parlais d'ennemi tout à l'heure, c'en est un tout désigné !

— Comme d'autres…

— Dites donc, cela n'avait pas l'air d'être un tendre, votre patron ! Je vous demanderai de tenir à ma disposition le livre des entrées et sorties du personnel. Dans l'immédiat, pouvez-vous me donner les coordonnées de ce maître Dufour et de Madame Dujardin, je suppose que vous les avez !

— Euh, je ne sais pas si je dois…

— Oh que si ! Vous devez !

Yvonne s'exécuta et remit au commissaire Andréani les adresses et téléphones demandés.

— Vera Olchewski, 12 rue de la Pompe, ce n'est pas loin d'ici. Je vous remercie et compte sur votre discrétion, Madame Fréaud. Dernier point, même si le bureau de direction est vide, veillez à ce que personne n'y entre.

— Mais le nouveau directeur va arriver bientôt…

— Je serai revenu d'ici là pour une perquisition. À demain.

La première chose qu'Andréani vit en arrivant rue de la Pompe, ce fut la voiture des pompiers, portes arrière grandes ouvertes. Un attroupement s'était formé en bas de l'immeuble, tandis qu'un ballet d'hommes en uniforme montait et descendait les escaliers. Le commissaire évalua vite la situation : une personne entre deux âges jacassait ferme pour se donner de l'importance. La concierge, à tous les coups !

— C'est un suicide, je vous dis ! Heureusement que j'avais les clés et que je devais faire le ménage, sinon, la pauvre elle se loupait pas ! Enfin, le capitaine, il dit comme ça qu'on va l'en sortir ! Il n'y a pas de doute, heureusement que j'étais là !

Andréani eut un pressentiment ; serait-ce de Vera Olchewski qu'il s'agissait ?

— Vous êtes la gardienne de l'immeuble, Madame ?

— Oui Monsieur, c'est pourquoi ? Je suis très occupée, là vous voyez !

— Et vous allez l'être un peu plus, chère Madame, dit-il en exhibant sa carte, suivez-moi dans votre loge et dites-moi un peu ce qu'il se passe.

La concierge accusa le coup, puis lança un regard circulaire à l'attroupement avec l'air de dire « Là, vous voyez comme c'est important », puis se rendit dans sa loge avec le commissaire.

— Alors ?

— Alors c'est simple, je suis montée à quatorze heures comme chaque mardi pour lui faire le ménage. D'habitude, elle n'est pas là, alors je suis entrée sans sonner. Elle était affalée sur la table, évanouie, avec un tube de médicaments vide à côté, alors j'ai appelé les pompiers, ils sont en train de lui faire un massage cardiaque. C'est vrai que, ce matin, elle avait un drôle d'air après avoir ouvert son courrier. C'est une histoire d'homme, vous croyez pas Monsieur le commissaire ?

Andréani fonça en ignorant cette question, inopportune bien que réaliste. Pas besoin de consulter le tableau des occupants de l'immeuble pour trouver l'étage, c'est au deuxième que cela se passait. Il entra dans l'appartement, carte professionnelle brandie pour prévenir toute question, et se présenter en un minimum de temps.

À terre, un médecin pompier en train de ranimer Vera Olchewski ex-Dujardin. Une jolie brunette de trente-cinq ans environ. Trois pompiers complétaient le tableau, avec leur barda d'oxygène et autre matériel de secours. Un studio élégant, meublé avec goût. Sur une table basse, un tube de barbituriques vide et une bouteille de scotch entamée.

— Elle va s'en sortir, capitaine ?

— Je pense que oui, commissaire, elle a mis la dose, mais la pipelette nous a prévenus à temps ; dans un premier temps on la ranime, et puis on l'emmène à l'hosto pour un lavage d'estomac.

— À part cela, vous avez découvert quelque chose de particulier qui explique son geste ?

Oui, il y a trois lettres sur le lit.

Il y avait effectivement trois enveloppes sur le lit, l'une ouverte, et les deux autres cachetées. Andréani prit le tout et comprit très vite.

— C'est quoi l'histoire, commissaire ? Qu'est-ce qui vous a amené ici ?

— Drame passionnel, capitaine, sans les ouvrir, je crois deviner ce qu'on va trouver : la lettre ouverte doit être une lettre de rupture reçue par courrier, et les deux autres, des lettres d'adieu.

Les deux lettres cachetées étaient adressées l'une à Monsieur Dujardin, l'autre à Madame d'Antin.

La première :

« *Mon chéri,*

Pardonne-moi le mal que je t'ai fait. Je ne supporte plus cette existence et m'en vais pour toujours. Occupe-toi bien des enfants. Adieu. »

La seconde :

« *Madame,*

Je vous demande pardon pour le mal que j'ai pu vous faire. Votre mari vous a trompée ; il m'a trompée aussi, il trompe tout le monde. Ne le regrettez pas, cela n'en vaut pas la peine. Pour moi, je ne me supporte plus. »

Quant à la lettre décachetée, elle avait été postée de Briançon le 15 juillet.

« *Vera,*

Ceci est une lettre de rupture.

Nous avons passé de bons moments ensemble et je t'en remercie. Je ne suis pas fait pour toi, et ne souhaite pas continuer notre relation, j'aspire à autre chose. Comme je ne suis pas un ingrat, je te laisse le studio, et mon avocat te contactera pour te remettre 50 000 francs.

N'essaie pas de me recontacter, de toute manière je serai loin quand tu ouvriras ce courrier.

Adieu. »

Suivait une signature qu'il faudrait identifier, mais qui provenait de Guillaume d'Antin à n'en pas douter.

Côté romantisme, j'ai déjà vu mieux ! laissa échapper le commissaire Andréani.

Messieurs, voici ma carte, faites-moi savoir vers quel hôpital vous emmenez cette dame, et quand je pourrai l'interroger. Je dois y aller, j'ai une urgence.

Andréani appela Langlois au commissariat pour une réunion séance tenante.

19 juillet 1983, commissariat du XVIe

— Bon, Langlois, on résume les faits et on s'organise tous les deux…

« 1) Nous sommes informés par Madame d'Antin de la disparition de son mari.

« 2) Tout porte à croire qu'il a organisé son départ en la larguant bel et bien, puisque l'on découvre au passage la vente de sa société en parallèle. Seul son avocat est au courant du détail.

« 3) On pouvait imaginer qu'il allait partir avec sa maîtresse, Vera Olchewski ex-Dujardin, sauf que celle-ci est encore à Paris alors que l'oiseau est envolé, qu'elle reçoit une lettre de rupture, et qu'elle fait une tentative de suicide.

« 4) D'Antin a quitté sa société le 13 au soir, a dû faire route vers les Alpes le 14, jour férié pour tout le monde, devait retrouver son beau-frère Léoni le 14 au soir ou le 15

– c'est à vérifier – et le quitter le 17 après avoir fait une course en montagne, d'après sa femme. Il semblerait qu'ils se soient bien retrouvés là-bas, mais que le beau-frère soit lui-même étonné que d'Antin ne soit pas revenu à Paris.

« 5) D'Antin est fort impopulaire auprès du personnel de son ex-société, car il semble agir comme un tyran, voire comme un patron voyou. Dujardin doit beaucoup lui en vouloir, puisqu'il l'a viré et pris sa femme.

« 6) Le suicide paraît écarté, notre homme étant du genre jouisseur, reste l'accident ou le meurtre. Les pistes exploitables sont au nombre de cinq :

« – L'avocat, Maître Dufour, sait forcément quelque chose.

« – Le beau-frère, Léoni, est le dernier à l'avoir vu, il doit pouvoir nous éclairer.

« – Vera pourra peut-être nous dire quelque chose lorsqu'elle sera tirée d'affaire, mais je n'y crois pas trop, au vu des lettres que j'ai vues chez elle.

« – Il faut voir cette agence Europcar à Briançon, puisque d'Antin les a appelés personnellement.

« – Il faudrait aussi exploiter cette piste du refuge du Glacier Blanc.

Bon, Langlois, vous aimez la montagne ?

— Je vous vois venir, patron…

— Vous allez partir à Briançon par le train de nuit, et enquêter là-bas sur les deux derniers points. Moi, je me charge du beau-frère et de l'avocat. On reste en contact bien sûr, et on débriefe tout cela dans deux jours, ici à Paris, à moins que je descende au vu de ce que vous aurez trouvé… Quel est votre avis global, Langlois ?

L'inspecteur Langlois était le type même du policier expérimenté, et averti des choses de la vie. En vingt ans de carrière, il avait eu son comptant de drames, de mélodrames, de psychodrames et autres tragi-comédies.

— C'est simple, patron, ce monsieur a l'air porté sur la bagatelle. Il a vendu sa boîte et est parti à la cloche de bois avec une poule. La seule chose qui est surprenante, c'est que ni la femme, ni la maîtresse ni la secrétaire n'aient rien vu venir.

— Vous avez sans doute raison. Maintenant qu'on a ouvert un dossier, il va falloir diligenter l'enquête, et puis on verra bien la suite à donner. Pour l'instant, je vais aller voir ce maître Dufour, vous partez à Briançon, et on se tient au courant. Vous ne m'avez pas répondu, vous aimez la montagne ?

— Oh, moi vous savez, l'été, c'est plutôt à La Baule que cela se passe.

— Eh bien, comme cela vous connaîtrez. À dans deux jours, moi, je vais aller voir cet avocat.

— Je veux bien aller à Briançon, mais demain, j'ai le tribunal pour l'affaire des faux billets, vous savez ; je ne pourrai pas partir avant demain soir.

— OK, faites comme cela.

2 novembre 2053, Institut médico-légal de Grenoble

— Alors Docteur ?

Le colonel Chappaz avait tenu à avoir les résultats de l'autopsie du corps qu'ils avaient trouvé le plus vite possible.

— Oh c'est bien simple, ce monsieur a dû tomber dans une crevasse il y a bien longtemps. Est-il mort d'hypothermie ou du choc lié à des fractures, on ne le saura jamais, vu l'état dans lequel il se trouve : toutes les côtes sont cassées, le bassin pareil, les membres, n'en parlons pas. Mais cela vient du fait que le glacier l'a roulé pendant des dizaines d'années.

— À quand remonte la mort, à votre avis ?

— On va le savoir avec précision dans quelques jours avec nos méthodes de datation. Mais au vu de l'équipement, je dirai les années 1980.

Le médecin légiste, lui-même alpiniste, avait remarqué la chaussure à coque plastique. Ce type de chaussure était fortement utilisé à cette époque, puis la mode était passée.

Il poursuivit :

— De toute manière, colonel, si vous voulez savoir qui est la victime, il y a beaucoup plus simple ; regardez sur la table le contenu du sac. Tout est en bouillie, heureusement, le plastique a la vie dure ; regardez plutôt ceci : c'est une ancienne carte de crédit.

Malgré l'usure du temps, les couleurs avaient tenu le coup, et surtout, les lettres en relief. Elles annonçaient :

— Guillaume d'Antin.

— Au moins, on sait qui c'est… Ce qu'il faudra savoir, c'est la date de la disparition, et rechercher dans les archives de cette année-là. Autre chose Colonel ?

— Oui, ce qui m'a intrigué, c'est cette corde sectionnée à cinq-six mètres du baudrier. Ce n'est pas normal. Soit cet homme était seul sur le glacier – en principe, cela ne doit pas exister – et il n'aurait pas été encordé, soit ils étaient deux, et à nouveau il y a deux cas de figure : soit le compagnon de cordée est également tombé dans la crevasse, et on aurait dû le retrouver lui aussi, d'une part, et la corde ne devrait pas être sectionnée, d'autre part. Soit encore ce compagnon de cordée s'en est tiré, et à ce moment, il aurait pu secourir ou faire secourir ce monsieur. Au pire, il se serait décordé, mais pourquoi cette corde est-elle sectionnée ? Et surtout à six mètres du baudrier ? Seul quelqu'un d'autre que la victime a pu faire cela. Et quand ? Avant la mort, pour le tuer, ou après, en désespoir de cause ?

— Je me suis posé les mêmes questions, colonel. Je pense que le mieux est que je vous communique sous huit jours la date de l'accident, et qu'on fouille les archives, si on arrive à trouver quelque chose.

19 juillet 1983, cabinet de Maître Dufour

— Je me présente, commissaire Andréani. Voici ma carte. Je souhaiterais voir maître Dufour.

— C'est que… Il est occupé.

— Je comprends parfaitement. Faites-lui passer cette carte et dites-lui, s'il vous plaît, que c'est au sujet de la disparition de Monsieur d'Antin.

Le résultat ne se fit pas attendre. L'assistante de l'avocat revint deux minutes après.

— Maître Dufour va vous recevoir.

Effectivement, la porte s'ouvrit et laissa place à un personnage entre deux âges. Habillé de façon voyante, cigare aux lèvres, Maître Dufour respirait à plein nez l'avocat parvenu ; sans doute un peu marron. Le genre qu'Andréani détestait par-dessus tout.

— Je vous reçois parce que vous êtes commissaire, mais une prochaine fois, soyez aimable de prendre rendez-vous avec mon secrétariat…

Cela commençait fort. Andréani y alla de sa repartie :

— Maître, nous avons une disparition suspecte sur les bras. J'ai préféré venir sans rendez-vous plutôt que de vous convoquer au commissariat.

Cet échange ayant eu lieu devant l'assistante, l'avocat en rabattit un peu et poursuivit :

— Venez dans mon bureau, commissaire, je vous en prie.

Andréani attaqua l'entretien sans préambule :

— Vous êtes parfaitement au courant du départ de Monsieur d'Antin, puisque vous l'avez représenté pour la vente de sa société. Vous seul étiez au courant de cette transaction, menée en son absence. Absence parfaitement prévue par ce dernier. Que pouvez-vous me dire là-dessus ?

— Rien.

— Ne jouez pas au plus fin, Maître. Son épouse est prête à déposer plainte. Dites-moi ce que vous savez. Où est-il ?

— Je n'en sais rien. Tout ce que je peux vous dire, c'est ce que vous venez d'énoncer : Monsieur d'Antin avait prévu de mettre les voiles pour ailleurs. Il a effectivement vendu son affaire à une société américaine, récupéré l'argent en faisant le nécessaire pour dédommager sa femme. Je me suis occupé de la partie commerciale, et mon confrère Lazareff de la partie droit de la famille, si vous voyez ce que je veux dire.

— Vous ne savez pas où il est parti ?

— Non. Monsieur d'Antin est très secret sur certaines choses et ne dit que ce qu'il a envie de dire.

— Savez-vous s'il est parti avec quelqu'un ? Vous parlez de secret, ce n'en est pas un qu'il a une maîtresse, Madame Dujardin, née Olchewski.

L'avocat tomba dans le panneau.

— Oui, je suis au courant de cette liaison. C'est possible qu'il soit parti avec elle, mais il ne m'en a rien dit.

— Eh bien, ce n'est pas cela non plus. Madame Dujardin vient de tenter de mettre fin à ses jours. Elle est à l'hôpital.

Maître Dufour accusa le coup, et Andréani poussa son avantage.

— Ah bon ? C'est arrivé quand ?

— Il y a deux heures pour être précis. Et sachez que Monsieur d'Antin, dans sa grande générosité, avait également prévu de dédommager cette personne. Votre confrère Lazareff doit bien le savoir, non ?

— Pour ce qui me concerne, je vous promets que si je connaissais la volonté de partir de Monsieur d'Antin, j'ignore complètement où et avec qui, à supposer qu'il y ait quelqu'un. Maintenant, je veux bien appeler Lazareff pour savoir s'il en sait plus.

Dufour composa un numéro de téléphone et, après avoir obtenu son confrère au téléphone, raccrocha. Comme toujours dans ce genre de situation, Andréani n'avait entendu que la moitié des questions/réponses, mais deviné l'autre moitié au fur et à mesure de la conversation.

— Lazareff confirme que Vera Dujardin/Olchewski ne faisait pas partie du voyage, et qu'il a instruction de la dédommager. Il a cru comprendre qu'une tierce personne devait accompagner Monsieur d'Antin dans son voyage.

— Dans son dégagement, vous voulez dire ! Cela sent l'aller simple pour Tahiti !

— Si vous voulez.

— Connaissez-vous son emploi du temps de ces derniers jours ?

— Je sais qu'il a quitté le bureau mercredi 13 juillet. Toutes ses instructions au niveau de la vente étaient ficelées à ce moment. Je sais qu'il devait partir pour le week-end quelque part, et quitter le territoire dimanche ou lundi au plus tard. D'où ma présence pour le représenter lundi.

— Et l'argent de la transaction ?

— Secret professionnel, commissaire.

— S'il y a enquête, et il y aura, croyez-le bien, cette question viendra sur le tapis. Mais ce n'est pas l'urgence du moment. Pouvez-vous m'appeler si vous apprenez quoi que ce soit sur la destination de Monsieur d'Antin. De mon côté, je reviendrai vers vous.

20 juillet 1983, commissariat du XVIe

— Allô Monsieur Léoni ? Commissaire Andréani à l'appareil.

— J'attendais votre appel Monsieur le commissaire, j'ai parlé avec ma sœur hier soir.

— J'aurais quelques questions à vous poser, Monsieur Léoni.

— Sur la disparition de mon beau-frère j'imagine ?

— Bien évidemment. Quand l'avez-vous vu pour la dernière fois ?

— Pour être précis, le samedi 16 juillet, au col du Monêtier. Mais si vous permettez, Monsieur le commissaire, je prends l'avion pour Paris à onze heures, ce serait plus simple de parler de vive voix, avec quelques éléments du genre carte IGN, si vous voyez ce que je veux dire.

Andréani savait bien ce qu'est une carte IGN, mais ignorait tout du col du Monêtier, et ne voyait pas précisément ce que Léoni voulait dire. Cependant, face à son évidente attitude de collaboration, il accepta la proposition.

— OK. À quelle heure pouvez-vous être au commissariat ?

— À quatorze-quinze heures si l'avion est à l'heure.

— D'accord, je vous attends.

À quinze heures précises, Léoni était au rendez-vous. Grand, athlétique, bronzé, la cinquantaine alerte, il était le type même du chef d'entreprise sportif et dynamique. Il entama lui-même la discussion.

— J'avais bien l'intention de vous contacter, Monsieur le commissaire, je sais que ma sœur vous a rencontré, et je vais vous dire ce que je sais. J'ai profité d'un déplacement sur Paris pour ce faire.

— Je n'en attends pas moins de vous, Monsieur Léoni, je vous écoute.

— Comme vous le savez sans doute, le ménage de ma sœur bat de l'aile.

— Depuis combien de temps au juste ?

— Je sais que vous connaissez l'existence de Madame Dujardin, puisque ma sœur vous en a parlé. Mettons que la liaison de mon beau-frère avec cette dernière remonte à deux ans peut-être, mais que les choses sont devenues réellement insupportables pour ma sœur depuis six mois. De toute manière, le problème n'est même plus là…

Andréani se demanda in petto si la tentative de suicide de Vera avait déjà transpiré, mais choisit de se taire.

— Poursuivez, je vous en prie.

— Mon beau-frère et moi avions prévu depuis un an de réaliser ensemble une course en haute montagne dans le massif de l'Oisans. La traversée des Dômes de Monêtier, pour être précis. Je vais vous montrer sur la carte, pour éclairer le propos.

Joignant le geste à la parole, Léoni sortit une carte IGN et la déplia sur le bureau du commissaire.

— Avant de rentrer dans des détails topographiques, Monsieur Léoni, vous disiez que Madame Dujardin n'était même plus le « problème ».

— J'y viens, j'y viens, attendez deux minutes. Mon beau-frère et moi devions donc réaliser cette course sur deux jours, les 15 et 16 juillet. Le premier jour, on monte au refuge du Glacier Blanc en partant du pré de Madame Carle, vous voyez, là sur la carte…

Andréani suivait les explications de Léoni et découvrit où se trouvait le refuge du Glacier Blanc, qui lui avait été indiqué tout au début par Madame Fréaud.

— Le lendemain, départ du refuge vers quatre heures du matin, on remonte le glacier que vous voyez là, jusqu'au col du Monêtier…

— Celui dont vous m'avez parlé ce matin au téléphone ?

— Précisément. Et puis, normalement, on redescend de l'autre côté du col, en traversant le Dôme du Monêtier, et on rejoint la vallée de l'autre côté en descendant le glacier de Séguret Foran que vous voyez ici.

— C'est très clair, mais pourquoi dites-vous « normalement » ?

— Mon beau-frère et moi nous sommes quittés au col du Monêtier, après nous être violemment disputés.

— C'est-à-dire ?

— Comme vous l'a dit ma sœur, je devais profiter de cette expédition entre hommes pour le ramener à la raison, ou, au moins, sonder ses intentions vis-à-vis de ma sœur. En clair, s'il tenait tant que cela à sa maîtresse, qu'il divorce en bonne et due forme.

— Et alors ?

— Et alors, au fur et à mesure qu'on montait en altitude, mon beau-frère m'a dévoilé tout à trac qu'il vendait sa boutique, et qu'il allait partir vers une destination ensoleillée pour toujours avec une fille qui n'était même pas la maîtresse titulaire, mais encore une autre ; quant à ma pauvre sœur, c'est tout juste s'il ne fallait pas le remercier parce qu'il lui laissait de quoi vivre. Pas besoin de vous dire que nous nous sommes engueulés. J'ai même failli lui casser la gueule, mais un guide qui était là avec des clients nous a séparés.

— Et l'endroit précis, c'était à ce fameux col du Monêtier. À quelle heure environ ?

— Disons vers dix heures.

— Et qu'avez-vous fait à ce moment-là ?

— Je suis descendu par où j'étais monté, vers le refuge du Glacier Blanc.

— Pourquoi ne pas terminer la course, comme prévu ?

— Parce que ma voiture était garée au pré de Madame Carle. Comme cette course est une traversée, où l'on monte par un côté et l'on redescend par un autre, il faut laisser une voiture au pré de Madame Carle – en l'occurrence, la mienne – et l'autre côté Vallouise, celle de mon beau-frère. De toute manière, on s'était tellement engueulés qu'il n'était pas imaginable qu'on redescende ensemble ; la montagne requiert de la solidarité, vous savez.

— Je comprends, et lui ?

— Il a entrepris de terminer la course tout seul en suivant l'itinéraire que je vous ai dit.

— C'est prudent ça ?

— Non, bien sûr. Du reste, le guide qui nous a séparés lui a proposé de le prendre sur sa corde, alors qu'il n'avait pas prévu cette course-là. Mais mon beau-frère l'a envoyé promener.

— Donc, vous êtes redescendu de votre côté…

— Oui, je me suis arrêté au refuge du Glacier Blanc pour casser une croûte, puis au parking récupérer ma voiture. Pour tout vous dire, en redescendant, j'ai fait un crochet aux chalets de Chambran…

— C'est quoi, ces chalets ?

— C'est là où l'on gare les voitures côté descente, tenez, là sur la carte.

— Je vois, donc vous faites un crochet à ces chalets, pourquoi ?

— Je m'étais un peu calmé, et je voulais revoir mon beau-frère pour ne pas rester sur cette très mauvaise séparation. Mais sa voiture de location était toujours là ; il n'était pas redescendu.

— Cela vous a inquiété ?

— Non, pas plus que cela, il pouvait être quinze-seize heures, ce n'était pas anormal qu'il ne soit pas encore redescendu à cette heure-là.

— Au fait, c'était quoi, sa voiture de location ?

— Une Renault 20.

— Vous êtes sûr, ce n'était pas une LNA ?

Léoni sourit.

— Mon beau-frère ne se serait pas contenté d'une petite voiture comme cela. C'était bien une Renault 20.

— Selon vous, que s'est-il passé, et où est-il ?

— Il y a deux possibilités, Monsieur le commissaire, soit il a eu un accident sur le glacier, tout seul sans témoins, soit il est effectivement déjà parti à perpète.

— Vous a-t-il dit clairement quand il envisageait de partir ?

— Non, il est resté évasif. Il a laissé comprendre que ce serait rapide.

— Est-ce que, selon vous, quelqu'un s'est soucié de voir si cette Renault 20 était toujours au parking ?

— Je n'en sais rien. Après cet épisode, je suis rentré directement à Nice, et j'ai échangé avec ma sœur dimanche, puis lundi matin. C'est là que nous avons commencé à nous inquiéter, et qu'elle est venue vous prévenir.

— Vous avez bien fait. La première des choses à faire, c'est de voir si cette voiture est encore au parking ou non. Vous avez sa couleur, son immatriculation ?

— De mémoire, elle était gris métallisé. Pour le reste, c'est lui qui l'a louée !

— OK Monsieur Léoni, on va s'en charger. Merci pour votre déposition, elle est très claire. Euh, est-ce que vous pouvez me laisser votre carte IGN ? Cela va me gagner du temps, et je vous la renverrai. Tenez-moi au courant, bien sûr, si vous apprenez quoi que ce soit.

— Pas de problème, Monsieur le commissaire. Réciproquement, on compte sur vous.

PGHM de Briançon, 7 novembre 2053

— Allô ? Ici l'Institut médico-légal de Grenoble. Colonel Chappaz ?

— Oui.

— Docteur Blanc à l'appareil. Je viens vous donner des nouvelles de votre client, Monsieur d'Antin.

— Oui, alors ?

— Les tests de datation sont formels. La mort de la victime remonte à l'été 1983. Cette dernière avait environ quarante ans à l'époque.

— Les causes de la mort ?

— Ce qu'on s'est dit l'autre fois. Ce monsieur a fait une chute en crevasse en 1983. Il est mort sur le coup ou par hypothermie par la suite, le glacier nous le restitue soixante-dix ans après.

— Bon, on va ressortir ce qu'on peut des archives de 1983. Cela ne va pas être de la tarte, à l'époque ce n'est même pas sûr que la gendarmerie ait été équipée en informatique ! Et pour cette corde, Docteur, vous avez une idée, vous ?

— La même question que vous, colonel, une corde sectionnée à six mètres d'un baudrier, ce n'est pas normal.

Gare de Briançon, 21 juillet 1983

— Allô patron, je viens d'arriver à Briançon !

— Cela tombe bien, Langlois, j'ai du boulot pour vous ! Vous avez de quoi noter ?

— Eh patron, laissez-moi le temps d'arriver, je n'ai pas fermé l'œil de la nuit, dans ce foutu train !

— Vous dormirez la nuit prochaine, Langlois ! Surtout que vous allez la passer au refuge du Glacier Blanc pour interviewer tout le monde qui a pu voir notre lascar. Mais d'ici là, il faut que vous passiez à Europcar voir si oui ou non d'Antin aurait rendu une Renault 20 de location qu'il a prise à Grenoble. J'ai appelé là-bas, c'est ce qui était prévu. S'il l'a effectivement rendue, essayez de savoir où il a pu aller, sinon, il va vous falloir passer aux chalets de Chambran…

— Aux chalets de Cham quoi ?

— Aux chalets de Chambran ! Mon vieux, c'est vous qui êtes sur le terrain ! Procurez-vous la carte IGN n° 241 !

Andréani adorait mettre la pression sur l'inspecteur Langlois de cette façon. C'était un peu facile, puisqu'il était confortablement installé au commissariat, tandis que Langlois venait effectivement de passer une nuit blanche dans le train. Il tempéra donc.

— Je reprends tranquillement : vous passez d'abord à Europcar Briançon voir si cette Renault 20 immatriculée 758 DAN 75 louée par M. d'Antin à Grenoble le 14 ou le 15 juillet est rentrée ou non. Vous essayez de retracer toutes les entrées-sorties de voiture qui peuvent avoir un lien avec notre affaire. Puis vous allez monter au refuge du Glacier Blanc cet après-midi pour questionner le gardien, le cuistot, que sais-je ? Mais avant d'y aller, prévoyez de passer aux chalets de Chambran, c'est sur la route, à droite après Vallouise, pour voir si cette R20 y est toujours ou non.

— Vous parlez comme si vous étiez né là, patron, vous connaissez le coin ?

— Pas plus que vous, Langlois, mais Monsieur Léoni m'a pas mal aidé. Achetez cette carte IGN, louez une voiture, et équipez-vous pour monter au refuge. Rappelez-moi dès que vous pouvez.

Andréani résuma la conversation qu'il avait eue avec Léoni.

— OK, patron, c'est parti.

Une demi-heure après, Langlois poussait la porte d'Europcar.

— Bonjour, inspecteur Langlois. J'aurais besoin d'une voiture pour deux-trois jours. J'aurai aussi quelques questions à vous poser.

— Une voiture en cette saison, cela va être compliqué, si vous n'avez pas réservé…

Le chef d'agence reprit l'hôtesse d'accueil.

— Si Annette ! pour la police, on va se débrouiller ; il y a la Renault 5 que la cliente nous a rapportée de manière imprévue lundi matin…

— C'est vrai ! je l'avais oubliée celle-là !

— Bon, on vous la met au chaud. Que peut-on pour vous, Monsieur l'inspecteur ?

— D'abord, avez-vous rentré ou non une Renault 20 immatriculée 758 DAN 75 qu'un certain Monsieur d'Antin devait vous rapporter ?

— Parlons-en ! Il nous a mis dans la panade celui-là ! Il devait nous rendre cette bagnole samedi soir et on n'a pas de nouvelles ! Injoignable à son domicile ! Injoignable à son bureau ! Et on devait la relouer le lendemain à une famille de Belges en vacances dans le coin !

— Donc, vous n'avez jamais vu ce monsieur ?

— Non. Et le comble, c'est que c'est le même qui nous avait loué par téléphone la Renault 5 qu'on va vous passer. Celle-là ne devait pas rentrer chez nous, sauf que la fille l'a rapportée lundi matin !

— La fille ! Quelle fille ?

— Eh bien celle qui est passée la prendre. La voiture devait partir pour l'Italie et être rendue à Turin. Sauf que la fille l'a rapportée lundi matin. Dans un drôle d'état.

— La voiture ?

— Non, la fille. Elle râlait sur le mec, fallait voir ! Manifestement, il lui a posé un lapin. Une sacrée pépée, soit dit en passant.

Le visage de Langlois s'éclaira. L'écheveau commençait à se démêler.

— J'ai idée qu'on pourrait peut-être bien la retrouver, votre R20. Laissez-moi un peu de temps, et si j'ai du nouveau, je vous rappelle. Mais cette fille, vous avez son nom et son adresse, bien sûr ?

— Bien sûr, on va vous dire ça. Annette, cherchez dans le fichier s'il vous plaît.

— Voilà : Elena van Straten, domiciliée à Genève.

— Elena, vous avez dit Elena ?

— Eh bien oui. Elena, pourquoi ?

— Comme cela. Sans jeu de mots, vous ne louez pas de Citroën LNA ?

— Non, chez Citroën, on n'a que des BX.

— Bien. Je vous tiens au courant, c'est promis, si on retrouve cette Renault 20. Vous n'auriez pas un double des clés, par hasard ?

— Non, bien sûr, le client l'a prise à Grenoble. On peut peut-être leur demander, si vous la retrouvez dans le coin. C'est le cas ? Parce que cela nous arrangerait drôlement ; on refuse des locations tous les jours !

— Je vous le dirai, je ne veux pas vous donner de faux espoirs. Demandez les clés à Grenoble, pour gagner du temps. Maintenant, pour ce qui est de la disponibilité, il est possible qu'on doive la mettre sous scellés un certain temps…

— Ah bon, il y a un meurtre ?

— Secret professionnel. À bientôt. Et merci pour la R5.

L'inspecteur Langlois écourta ainsi l'entretien. Ainsi, les choses commençaient à se mettre en place. D'Antin avait rendez-vous avec cette Elena, et manifestement, ne s'y était pas rendu. Pourquoi ? Lapin volontaire ou disparition liée à un accident ? D'autre part le curieux sigle « LNA » qu'il avait griffonné sur le brouillon retrouvé par Madame Fréaud désignait tout simplement cette Elena, dont il avait pris les coordonnées. À son tour, il allait épater Andréani. Mais avant de l'appeler, il allait vérifier la présence ou non de la Renault 20 aux chalets de Chambran. Autant tout lui déballer en une seule fois, lui l'homme de terrain !

Il monta dans la R5 dont la dernière occupante était Elena. Par réflexe professionnel, il fouilla la voiture, mais le seul indice qu'il trouva fut un cendrier archi-plein.

À toutes fins utiles, il nota qu'Elena fumait des Marlboro. Une heure après, il était aux chalets de Chambran. Il y avait une vingtaine de voitures garées en ce milieu de matinée. Des randonneurs partis en montagne sans doute, comme lui tout à l'heure. Nom d'une pipe ! il allait devoir se taper plus de deux heures de montée, lui qui était sportif comme un archevêque ! Enfin, la police mène à tout.

Il ne mit pas longtemps à retrouver la Renault 20. L'immatriculation et la couleur ne laissaient aucun doute. Soit d'Antin n'était jamais redescendu de la montagne, soit encore il avait laissé la voiture sur place, posé un lapin à Elena et était parti autrement, mais cela paraissait curieux. Il fit le tour de la voiture, fermée à clé bien évidemment. Rien de visible dans l'habitacle. Si d'Antin avait effectivement le projet de partir à l'étranger avec Elena, il devait y avoir un minimum de bagages dans le coffre ; il ne serait pas parti en montagne avec. Que faire ? Forcer le coffre ? Ce n'était pas vraiment dans les règles, mais on allait gagner un sacré temps. Et puis, il savait faire, on apprend à se débrouiller dans la police.

Cinq minutes après, il avait ouvert le coffre, et trouvé ce à quoi il s'attendait : une valise de voyage avec des effets personnels, et surtout, deux billets d'avion pour les Seychelles via Turin, aux noms d'Elena van Straten et Guillaume d'Antin, pour un départ le 18 juillet. Ils avaient un peu loupé l'avion somme toute. Mais la boucle était bouclée, et il allait pouvoir épater Andréani. Il prit la valise dans sa voiture, cela devenait une pièce à conviction, et laissa la R20 après l'avoir fouillée en vain.

Il interrogea à toutes fins utiles les tenanciers de la buvette qui se tenait à proximité du parking. Ces derniers lui dirent qu'effectivement, la présence de la R20 plusieurs nuits de suite les avait intrigués, mais que cela arrivait que des gens partent pour plusieurs jours en montagne. Donc ils ne s'en étaient pas formalisés outre mesure. Langlois leur demanda le chemin du refuge du Glacier Blanc qu'il voulait rejoindre dans l'après-midi. Ils éclatèrent de rire en voyant sa tenue de civil et lui conseillèrent vivement de s'équiper à Vallouise quand ils réalisèrent qu'il ne connaissait manifestement pas le milieu alpin. Fort de cet avis, Langlois redescendit à Vallouise, s'équipa de pied en cap et appela Andréani.

— Allô patron, ici c'est le « terrain » au téléphone !

— Bon, ça va Langlois, ça va ! Alors ?

Langlois relata la découverte de la voiture, d'Elena, et de la destination prévue par d'Antin.

— Chapeau Langlois ! Bravo ! Un maximum d'éléments en un minimum de temps ! Il n'y a plus qu'à interroger cette Elena, ce qui va être un peu compliqué si elle est étrangère résidant en Suisse, et surtout essayer de retrouver d'Antin. Tout plaide pour la disparition en montagne. On sait à peu près quand, il reste à déterminer où et surtout comment. Et là c'est vous qui avez les cartes en mains puisque vous êtes sur place. Je vous rejoindrai peut-être s'il le faut, mais commencez par monter au refuge du Glacier Blanc. Moi, je vais essayer de voir où en est Vera, et, en fonction de ce que vous me dites, je vais commencer à m'intéresser à son ex-mari. On se rappelle demain.

Hôpital Saint-Antoine, 21 juillet 1983

Le commissaire Andréani poussa la porte des Urgences et s'annonça au bureau des entrées.

— Police ! Comment va votre patiente Vera Olchewski, que les pompiers vous ont amenée avant-hier ?

— La routine, Monsieur le commissaire, lavage d'estomac, quelques jours de repos et ça va aller !

— On peut l'interroger ?

— Si elle ne dort pas, oui, mais allez-y mollo ! Elle doit être dans les vapes, et puis surtout, si elle a fait une tentative de suicide, c'est qu'il y a une raison !

— Merci du conseil, j'y aurais pensé ! ne vous inquiétez pas, la diplomatie, cela me connaît.

L'interne de garde emmena le commissaire jusqu'à la chambre de Vera. Elle avait repris quelques couleurs depuis l'avant-veille, et paraissait effectivement plutôt sonnée. Elle entrouvrit les yeux vers les deux hommes.

Le commissaire Andréani prit quelques précautions.

— Bonjour Madame, vous m'entendez ?

Vera battit des yeux.

— Vous pouvez parler ?

— Oui, dit une voix faible.

— Je suis le commissaire Andréani. Monsieur d'Antin a disparu et j'enquête sur sa disparition. Si je suis ici, c'est parce que les pompiers qui vous ont sauvée m'ont prévenu. Avez-vous une idée de l'endroit où il se trouve ?

— Non, sinon je n'aurais pas…

— Oui, bien sûr, je comprends. Quand vous a-t-il donné signe de vie pour la dernière fois ?

— La semaine dernière.

— Et ?

— Et je lui ai dit que je l'attendais jusqu'au 18 juillet, comme je le lui avais déjà dit.

— Qu'a-t-il répondu ?

— Rien. Il a éludé la réponse. Ma vie est foutue.

Vera se mit à pleurer, et l'interne intervint.

— Il faut laisser cette dame se reposer, Monsieur le commissaire !

Mais la dame elle-même intervint :

— Les lettres ! Oh mon Dieu les lettres !

Le commissaire comprit tout de suite.

— Vous voulez sans doute parler des lettres que vous aviez laissées sur votre bureau ?

— Oui ! où sont-elles ? Il ne faut pas les envoyer ! Enfin pas tout de suite !

Andréani évalua la situation. Inutile de lui dire qu'il les avait décachetées et lues. Enfin pas maintenant. D'autre part ce « pas tout de suite » signifiait que Vera était toujours dans une logique de disparition. Il allait en parler à l'interne. Enfin, fallait-il prévenir son ex-mari ? Outre l'aspect sentimental de la question, Andréani voulait absolument garder la main sur l'information à donner à ce dernier. Il allait falloir jouer fin, entre l'interne qui n'avait pas besoin de tout savoir, et Vera, complètement choquée.

— Les lettres sont sur mon bureau, Madame. Vous en disposerez quand vous irez mieux et que vous sortirez de l'hôpital. Pour l'instant, il faut vous reposer, pas vrai Docteur ?

L'interne, qualifié de « docteur » au passage, ne put qu'acquiescer.

— J'ai une dernière question, et je vous laisse. Ces lettres étaient destinées à qui ?

Vera se troubla avant de répondre :

— L'une, à mon mari, enfin mon ex-mari. L'autre, cela ne vous regarde pas…

— Voulez-vous qu'on prévienne votre ex-mari ?

— Oui, euh non ! Je ne sais plus…

— On va attendre, Madame, on n'est pas à vingt-quatre heures près et demain vous irez mieux. De toute manière, on ne fera rien sans votre accord. À tout hasard quand même, vous avez dû garder un contact avec votre ex-mari ; on peut le joindre où ?

La question était délicate, et le commissaire Andréani savait qu'il pouvait remonter la filière par avocats interposés, mais il voulait gagner du temps. Le procédé était un peu limite face à une femme en état de choc, mais il fallait avancer. Après un temps d'hésitation, Vera répondit :

— Je n'ai pas son adresse personnelle, mais je sais qu'il a fini par retrouver du travail à Grenoble chez un fabricant de matériel de montagne. Petzl je crois.

— Bon, il n'y a pas d'urgence, reposez-vous maintenant. Je vais laisser ma carte au docteur. N'est-ce pas docteur ?

Andréani accompagna ces mots d'un clin d'œil à l'interne, lui signifiant qu'il voulait lui parler en particulier. Les deux hommes regagnèrent le couloir après avoir pris congé.

— Bon, je ne l'ai pas trop brusquée, je pense, mais je ne sais pas comment vous allez gérer la sortie de cette dame : son ex-mari a dû réorganiser sa vie, puisque, somme toute, elle l'a quitté, et celui sur qui elle comptait s'est évaporé.

Assurez-vous avant de la libérer qu'elle ne va pas recommencer.

— On va la diriger vers un établissement de repos, mais vous connaissez sa famille, Monsieur le commissaire ?

— Pas le moins du monde ! Je connais l'existence de cette dame depuis deux jours. Si je trouve un élément, je vous le transmettrai.

Le commissaire quitta l'hôpital en se promettant bien d'interviewer Dujardin en cas de besoin. D'après les éléments fournis par Langlois, il y avait quatre-vingt-dix-neuf chances sur cent que d'Antin ait eu un accident, puisque le dégagement qu'il avait prévu avec cette Elena avait tourné court, et la Renault 20 de location n'avait pas bougé du parking, mais son intuition lui murmurait que la conduite de ce monsieur lui amenait beaucoup d'ennemis, dont un à qui il avait pris sa femme après l'avoir licencié. Un coupable idéal en cas de meurtre. Mais avant, il fallait savoir où Langlois en était.

Sentier du Glacier Blanc, 21 juillet 1983

L'inspecteur Langlois s'arrêta pour la cinquième fois en une heure. Suant et soufflant, il ne faisait pas trop illusion dans ce milieu qu'il découvrait pour la première fois. Il se faisait régulièrement dépasser par des alpinistes qui grimpaient allègrement en le laissant sur place.

Heureusement qu'il s'était équipé avec de vraies chaussures de montagne, et qu'il avait fait l'acquisition de vêtements sportifs, sinon il aurait eu l'air carrément ridicule avec ses chaussures de ville et son complet veston. Sa légère bedaine et son teint peu hâlé trahissaient son manque d'expérience, mais enfin il faisait bonne figure. Il leva la tête et consulta le panneau indicateur qui lui indiqua « Refuge du Glacier Blanc 1 heure ». Nom d'une pipe ! Il n'avait fait que la moitié du chemin. Enfin il y arriverait.

Effectivement, une heure plus tard, il déboucha sur la plate-forme d'atterrissage de l'hélico. Le refuge était construit en dur, et était conforme à la carte postale qu'il avait consultée dans la vallée pour voir à quoi ressemblait un refuge. Il était déjà cinq heures de l'après-midi, et des alpinistes allaient et venaient en tous sens, de l'extérieur vers l'intérieur et vice-versa, discutant d'itinéraires autour de cartes déployées, rangeant leurs crampons et piolets à l'extérieur du refuge, faisant et refaisant leurs sacs à dos. Langlois nota que tout le monde s'était déchaussé et circulait dans des sabots de caoutchouc ; pour faire comme tout le monde, il demanda à quelqu'un où les trouver. L'alpiniste interviewé le lui indiqua complaisamment avec un sourire en coin, car il avait repéré un « bleu ».

Il ajouta qu'il devait se présenter à l'accueil rapidement pour se faire enregistrer et lui posa la question rituelle en refuge :

— Vous allez où demain ?

Complètement désarçonné, Langlois bredouilla un « nulle part » avant de s'engouffrer dans le refuge. Il trouva rapidement le gardien, qui lui demanda son nom (bon, cela, il savait), s'il était membre du CAF (du quoi ?) et où il allait demain « vous savez, pour le réveil ». Décidément, c'était une manie ! Quand le gardien ajouta que le premier service était à dix-huit heures, le malheureux Langlois n'eut d'autre ressource que de sortir sa carte professionnelle pour expliquer sa présence dans ces lieux insolites à ses yeux.

Le mot « Police » étant magique, même en altitude, le gardien prit la chose au sérieux.

— Vous cherchez quoi au juste ?

— À retracer le parcours d'un homme qui est passé ici le 15 juillet. Je voudrais consulter aussi les registres de cette période.

— Que s'est-il donc passé ?

— Quelqu'un qui a disparu. Et aucun accident signalé à sa famille.

— Bon, là j'ai du travail avec soixante personnes à servir. Si vous voulez bien, on verra demain matin une fois qu'ils seront tous partis en course, parce que si je comprends bien, demain vous ne partez pas en montagne ?

— Exactement. Et puis là je suis carrément fatigué. Demain quelle heure ?

— Mettons six heures, tout le monde sera parti.

— Mais c'est tôt cela !

Ce fut au tour du gardien de préciser les horaires en montagne : dîner entre dix-huit et dix-neuf heures, extinction des feux à vingt heures, réveil entre deux et quatre heures suivant la course projetée.

Langlois prit le parti de s'adapter, mais repassa une seconde nuit difficile ; il découvrit qu'en fait de chambre, il dormait dans un dortoir collectif, que bien sûr il y avait des ronfleurs, et que quand enfin il commençait à dormir, le réveil sonnait pour les premiers départs. Bon an mal an, il dormit une paire d'heures lorsque le gardien vint le secouer.

Vendredi 22 juillet, refuge du Glacier Blanc

— Monsieur, Monsieur ! Ils sont tous partis ! On peut se voir maintenant !

Langlois se frotta les yeux, et après avoir avalé un petit-déjeuner, entra dans le vif du sujet, après avoir relu les notes qu'il avait prises suite à ses entretiens téléphoniques avec le commissaire Andréani.

— La situation est la suivante : vendredi dernier, le 15, vous avez dû héberger deux hommes au nom de Léoni et d'Antin, vous confirmez ?

— Exact, dit le gardien après avoir vérifié son registre, ils sont arrivés vendredi dans l'après-midi. Ils ont fait la traversée des Dômes de Monêtier.

— Ils devaient faire, plutôt. Car après être montés au col du Monêtier, ils se sont séparés. Monsieur Léoni est redescendu de ce côté, tandis que son compagnon devait terminer la course tout seul. Et plus personne ne l'a jamais revu. Aucun accident n'a été signalé à sa famille. De votre côté, quand il y a un accident, vous devez bien le savoir ?

— Bien sûr ! Mais le dernier accident dans ce secteur remonte à l'an dernier. On peut appeler le PGHM pour vérifier si vous voulez ?

— Le quoi ?

— Le PGHM. Peloton de Gendarmerie de Haute Montagne ! En général, ce sont eux qui effectuent les secours en montagne. Allez, je les appelle tout de suite par radio, je les connais tous comme si je les avais faits.

Décidément, Langlois en apprenait un peu plus chaque jour sur ce monde à part, ses sigles et ses codes. Il suivit de loin la liaison radio crachotante établie avec les gendarmes par le gardien serviable. Ce dernier revint bientôt.

— Non, il n'y a eu aucun accident signalé sur cette course depuis l'an dernier. On est en début de saison, vous savez, et les glaciers sont encore sains, parce que l'hiver a duré longtemps. Les ponts de neige sont encore solides, cela dit, un accident est toujours possible, on en voit tous les ans. Maintenant, ce que vous m'avez dit est étonnant : un des deux gars serait descendu tout seul vers Vallouise ? Ce n'est pas prudent cela ! Pourquoi ?

— Je suis comme vous, Monsieur, j'enquête. Léoni, qui est redescendu de ce côté, dit qu'il s'est arrêté casser une croûte vers midi ; vous confirmez ?

— Vous savez, il passe ici plus de cent personnes par jour à la belle saison, on ne demande pas sa carte d'identité à celui qui commande un Coca ! S'il a payé en liquide, je n'ai aucune trace !

— Et est-ce que vous tenez la comptabilité de ceux qui rentrent de course ?

— Cela se faisait autrefois, Monsieur, il y a cent ans ! Quand il y avait dix personnes au refuge qui passaient à l'aller et au retour. Quand vous savez qu'aujourd'hui il y a plus de cent cinquante personnes sur les Écrins chaque jour, plus toutes les autres courses ! Plus tous ceux qui bivouaquent et qu'on ne voit pas ! Alors vous pensez, pour une course en traversée, où ils ne repassent même pas !

— Je comprends. Quel est votre avis ?

— Mon avis est que votre bonhomme est un sacré imprudent d'être redescendu tout seul par le glacier. Soit il s'est mis dans une crevasse sans que quiconque l'ait vu et à l'heure qu'il est, il est mort, soit il s'est évaporé dans la nature. Cela s'est déjà vu vous savez, des gens qui ont envie de disparaître…

Toujours les deux mêmes hypothèses : accident ou disparition organisée…

— Mais dites-moi, reprit le gardien, pour qu'ils se soient séparés comme cela en haute montagne, vos deux lascars, il devait y avoir une raison non ?

— Apparemment, ils se sont engueulés à un point tel que la redescente ensemble n'était plus possible. Il paraît qu'il y a eu des témoins à cette dispute, et qu'un guide a essayé de les séparer.

— Un guide ? Vous dites un guide ? Je vais regarder qui pouvait se trouver dans le secteur ce jour-là…

— Ah bon ! Vous pouvez savoir cela ?

— On sait tout ici, Monsieur, dit malicieusement le gardien en compulsant son registre. Vous dites que c'est au col du Monêtier qu'ils se sont engueulés et séparés ?

— Oui.

— Voyons voir, les entrées du 15… Brun, il allait aux Écrins, ce n'est pas ça. Faure, il allait aux Cinéastes, c'est la même direction, mais il n'est pas allé jusqu'au col. Ah ! Giraud, il allait aux Agneaux, il a pu passer par là. Je n'en vois pas d'autre. De toute manière, si vous êtes sûr qu'il est redescendu seul, cela ne va pas vous avancer beaucoup. Et puis, ce qu'il faudrait aussi faire, c'est demander au PGHM de ratisser le glacier de Séguret Foran ; si votre client est tombé tout seul dans une crevasse, il y a peu de chances qu'on le retrouve, il y en a des milliers, mais on ne sait jamais.

— Bon, je vais me rapprocher d'eux, et je verrai si cela vaut le coup de voir ce Monsieur Giraud. En attendant, est-ce que je peux consulter vos registres un petit moment ? On ne sait jamais.

— Pas de problème, mettez-vous là dans la salle à manger. Il est sept heures, on va être tranquille pendant trois heures, en attendant les premiers retours. Moi je vais dormir un peu ; dans ce métier, on bosse la nuit et on dort le jour vous savez !

— Je veux bien un grand bol de café.

Langlois se plongea dans les registres tandis que le gardien allait se recoucher. Des noms de clients, qui, bien sûr, ne lui disaient rien. Et des noms de courses, Écrins, Roche Faurio, Neige Cordier, Pointe Louise, Cinéastes, qui lui parlaient encore moins. Tout à coup, il étouffa un juron tonitruant. Il venait de lire :

— Dujardin Antoine. Arrivée le 16 juillet. Traversée des Dômes de Monêtier.

Langlois ne put s'empêcher de toquer à la porte du gardien.

— Quoi encore ?

— Désolé mon vieux mais là j'ai une urgence ! Dujardin Antoine, passé chez vous le 16 juillet, vous avez son adresse ?

— Antoine ? Ah bien lui, on le voit souvent ! Il est un peu de la partie vous savez !

— C'est-à-dire ?

— On le voit souvent, parce qu'il bosse chez Petzl.

— Et alors ?

— Eh bien Petzl, les cordes, les mousquetons, tout le matos, quoi ! Alors forcément, il fréquente la montagne pour le tester, outre le fait qu'il aime cela.

— Bon, vous avez son adresse ?

— Je peux la retrouver, mais quoi, c'est grave ? Qu'est-ce qu'il a fait ?

— Il a fait la même course que notre lascar disparu, et ce dernier connaissait un Dujardin, reste à savoir si c'est le même, c'est la seule question.

— Ce n'est pas la seule ; il y a un jour de décalage ; quand Antoine aura descendu le glacier, votre client devait avoir terminé sa course et être redescendu dans la vallée depuis vingt-quatre heures. En revanche, en montant au refuge, il aura forcément croisé l'autre dont vous m'avez parlé, qui, lui, en redescendait.

Bonne remarque. Quel embrouillamini ! Cela dit, il fallait s'assurer que ce Dujardin était le bon, Après tout, c'était un nom assez répandu. D'autre part, Léoni, le beau-frère, le connaissait-il ? Pas évident. Et quand bien même, qu'est-ce que cela prouverait ? Une seule chose était sûre, c'est que la suite de l'enquête allait se passer ici, sur le terrain comme dirait le chef, et en interrogeant Dujardin, lequel habitait Grenoble. Il fallait maintenant descendre et appeler Andréani. Et qu'il vienne sur place, sur le terrain, quoi.

Briançon, 22 juillet

— Allô, chef, j'ai du nouveau !

— Moi aussi Langlois, qui commence ?

— Vous, pour une fois ?

— D'accord. J'ai vu Vera Olchewski à l'hosto. Elle est sortie d'affaire, mais n'a pas gros moral. L'élément nouveau : son ex-mari travaille dans une boîte de Grenoble qui donne dans le matériel de montagne.

— Ce ne serait pas Petzl par hasard, chef ?

— Si ! comment vous le savez ?

— Travail de terrain, chef! Travail de terrain!

— Bon, ça va Langlois! ça va! au fait!

L'inspecteur relata ce qu'il avait appris au refuge. Une nouvelle fois, le commissaire apprécia son flair et son sens pratique. Langlois avait pris le temps de passer à Vallouise et avait retrouvé le guide qui avait assisté au clash entre d'Antin et Léoni. Il avait confirmé point par point ce que ce dernier avait relaté au commissaire: les deux hommes s'étaient violemment disputés, avaient failli en venir aux mains. Le guide Giraud les avait séparés au moment où d'Antin avait saisi son piolet et en menaçait son beau-frère. Ce dernier avait pris le parti de redescendre immédiatement côté Glacier Blanc. Le guide avait proposé à d'Antin de le prendre sur sa corde, pour ne pas le laisser seul, mais en l'emmenant là où il allait avec ses clients, c'est-à-dire aux Agneaux. D'Antin avait refusé et était parti aussitôt de l'autre côté, vers le glacier de Séguret Foran. Face à ce personnage peu sympathique, il n'avait pas insisté, et avait bifurqué avec ses clients vers Les Agneaux. De toute manière, l'élément nouveau à creuser était ce Dujardin, qui se trouvait au même endroit que son ex-patron le jour de sa disparition. Son ex-patron à qui il avait deux très bonnes raisons de vouloir du mal. Par hasard? Il faudrait aussi ratisser ce glacier, mais cela, il ne savait pas faire.

— Bon, Langlois, vous avez raison, la suite de l'enquête se passe dans les Alpes. Montez à Grenoble avec votre voiture, et venez me chercher à l'aéroport en fin d'après-midi. On se rappelle dans une heure pour l'horaire.

Avant de partir, Andréani voulait vérifier un point. Le gardien du refuge avait raison quand il avait suggéré que Léoni en descendant du refuge le 16 dans l'après-midi avait forcément croisé Dujardin qui y montait. Il n'y avait qu'un seul sentier d'après la carte. Est-ce qu'ils se connaissaient ? Leur point commun : d'Antin, le disparu. L'un était le beau-frère, l'autre, le mari trompé (et cadre viré). Est-ce que cela prouvait quelque chose ? Il prit le parti de téléphoner à Léoni et de recouper l'information par Madame Fréaud. Celle-ci était suffisamment fine mouche pour savoir ce genre de choses.

Il fit chou blanc. Léoni dit très spontanément qu'il connaissait l'existence de Dujardin, puisque son beau-frère trompait allègrement sa sœur avec l'épouse de ce dernier, mais qu'il ne l'avait jamais rencontré. Madame Fréaud confirma ces propos, et lui procura en outre l'adresse personnelle de Dujardin, à Crolles, près de Grenoble. Cette secrétaire, c'était une vraie mine d'or !

Il n'y avait plus grand-chose à faire à Paris, c'est donc le cœur léger que le commissaire Andréani s'envola pour Grenoble-Saint-Geoirs, où Langlois l'attendait.

— C'est pas des vacances patron ! La nuit dernière en refuge, je n'ai pas fermé l'œil, celle d'avant dans le train pareil ! Quand est-ce qu'on dort ?

— Cette nuit Langlois ! On va interroger Dujardin demain première heure. La priorité, c'est lui, la seconde c'est le glacier. La différence c'est que celui-ci ne peut pas trop se déplacer contrairement à celui-là.

Sur cette considération réaliste, les deux hommes se détendirent dans un restaurant et l'inspecteur Langlois put enfin passer une nuit normale.

23 juillet, Crolles

Andréani et Langlois abordèrent le lotissement dont Yvonne Fréaud leur avait donné l'adresse. Ils trouvèrent rapidement le pavillon de Dujardin. Un pavillon comme les autres. Sur la porte, deux noms : Antoine Dujardin, Françoise Beausire. Il avait refait sa vie. Normal. Aux alentours, les voisins tondaient leur pelouse ou lavaient leur bagnole. La vie ordinaire d'un samedi de juillet. Un enfant jouait à la balançoire dans le jardin.

— Il est là ton papa ? demanda Andréani.

— C'est pas mon papa et il est pas là, répondit l'enfant, mais maman elle est là !

Avec ces ménages recomposés, on ne sait jamais qui est qui, murmura le commissaire à l'inspecteur. Ce dernier n'eut pas le temps de commenter, car l'enfant, qui avait détalé à l'intérieur de la maison, en revenait accompagné de sa mère, une charmante femme de quarante ans. Son visage trahissait une certaine émotion.

— Bonjour Madame, nous souhaiterions voir Monsieur Dujardin…

— Il n'est pas là, Messieurs, puis-je vous aider ?

— Vous non, mais lui oui, répondit Andréani en présentant sa carte. Nous sommes de la police et aurions quelques questions à lui poser.

— Police ! Mais que se passe-t-il ? L'émotion s'était transformée en terreur.

— Le témoignage de votre… compagnon peut nous aider. Où pouvons-nous le trouver ?

— Il est allé au bureau ce matin exceptionnellement. Il reviendra à midi. Repassez à ce moment-là si vous voulez.

— Non, nous allons le rejoindre là-bas. C'est loin ?

— C'est à un quart d'heure d'ici, mais…

— Mais…

— C'est qu'il n'est pas dans son état normal. Son frère est mort la semaine dernière. Les obsèques étaient hier, c'est pourquoi il est allé au bureau ce matin. Je ne sais pas ce que vous avez à lui demander, mais cela ne pourrait pas attendre ?

— Non, malheureusement. Mais vous avez bien fait de nous prévenir, nous allons tenir compte de cette circonstance malheureuse.

Les deux hommes prirent congé, et grimpèrent dans leur voiture.

— Vous pariez combien qu'elle va le prévenir, chef? Il ne risque pas de se tirer?

— On va bien voir, Langlois, de toute manière, il n'attend pas notre visite; au mieux il nous attend, au pire, il s'enfuit sans avoir rien préparé; il sera facile à retrouver.

La première hypothèse fut la bonne. C'est un homme anéanti que le commissaire et l'inspecteur découvrirent dans les locaux de Petzl. Hâve, les traits tirés et les yeux rougis. Ce qui ne l'empêcha pas de se montrer agressif de prime abord; sa compagne l'avait manifestement prévenu de cette visite inopportune.

— Qu'est-ce que vous me voulez? On est samedi et j'ai du boulot!

— Du calme, Monsieur Dujardin! Nous sommes désolés de vous solliciter en pareille circonstance, mais cela ne vous dispense pas de rester courtois!

Le commissaire Andréani avait l'art de dénouer les situations un peu délicates.

— Excusez-moi, je suis très perturbé, j'ai enterré mon frère hier…

— Nous avons appris cela, nous sommes désolés. Nous n'allons pas vous déranger trop longtemps, si vous pouvez répondre à nos questions concernant une disparition.

— Qui a disparu ?

— Monsieur Guillaume d'Antin, vous connaissez je crois ?

— D'Antin ? Il a disparu ? Cela fait toujours une ordure de moins sur terre !

— Calmez-vous Monsieur ! Vous êtes en train de dire des choses qui pourraient se retourner contre vous ! Contentez-vous de répondre à nos questions !

— Je maintiens ce que je dis ! Ce type, c'est une saloperie !

Dujardin avait perdu tout contrôle de lui-même. Il faut dire que sa haine bien compréhensible de son ancien patron jointe à son deuil pouvait expliquer sa réaction. Andréani reprit la conduite de l'entretien, il voulait avancer.

— Allons aux faits, si vous voulez bien. Pouvez-vous nous parler de vos activités du week-end dernier ?

— Parce qu'en plus, vous me suspectez ! Notez bien, si j'avais pu ! Mais ce mec c'est un lâche, il fait tous ses coups par-derrière, et en votre absence de préférence ! Alors comme cela, il est mort ? Très bonne chose !

Décidément, Dujardin se positionnait tout seul en suspect. C'était trop facile, et les deux policiers savaient que les pistes trop faciles étaient rarement les bonnes.

— Monsieur d'Antin a disparu. Nous ignorons s'il est mort ou vivant, et enquêtons sur les lieux de sa disparition. Il se trouve que vous étiez sur les mêmes lieux que lui, et à peu près au même moment.

— Cela m'étonnerait ! Je fais de la montagne, pas lui !

— Eh bien figurez-vous que cela lui arrive ! Monsieur Dujardin, où étiez-vous samedi dernier ?

— J'étais en montagne, pourquoi ?

— C'est nous qui posons les questions ! En montagne, où ?

— En Oisans. J'ai fait une course sur le week-end.

— En passant par le refuge du Glacier Blanc, peut-être ?

— Comment vous le savez ?

— Monsieur Dujardin, si on vient vous embêter un samedi matin, ce n'est pas par plaisir, on fait notre métier, c'est tout. Répondez à nos questions et on gagnera tous du temps. Pouvez-vous nous préciser vos horaires du week-end, si vous étiez seul ou accompagné, votre itinéraire, et toutes choses qui pourraient nous intéresser…

Dujardin comprit que c'était sérieux, et que ses déclarations agressives étaient particulièrement mal venues. Il répondit plus calmement :

— C'est très simple, j'ai fait la traversée des Dômes de Monêtier sur le week-end. Montée en refuge samedi, course et retour dimanche. J'étais avec trois amis grenoblois qui pourront en témoigner. C'est ce jour-là que mon pauvre frère s'est tué en voiture ; mais c'est arrivé la nuit, et on ne l'a pas retrouvé tout de suite, je ne l'ai su que plus tard dans la semaine.

Le commissaire ignora la digression.

— Avez-vous croisé Monsieur d'Antin, votre ancien PDG ?

— Non !

— Monsieur Léoni, vous connaissez ?

— Non !

— À quelle heure êtes-vous monté en refuge, Monsieur Dujardin ?

— Assez tard. Nous avons quitté Grenoble à midi. Le temps de faire la route, de casser la croûte, de superviser les sacs, de monter en refuge, on est arrivés juste pour souper.

— Pour dix-huit heures ? intervint Langlois.

— Oui, c'est à peu près cela, nous avons dû quitter le pré de Madame Carle vers quinze-seize heures.

Langlois, qui connaissait les lieux depuis la veille, calcula mentalement que Dujardin avait dû croiser Léoni soit sur la route, soit sur le sentier de montée au refuge. Comme manifestement ils ne se connaissaient pas, il était inutile de poursuivre dans cette voie. Quant à d'Antin, il ne risquait pas de l'avoir rencontré samedi, puisque ce dernier était redescendu de l'autre côté avec vingt-quatre heures d'avance. Apparemment, Dujardin disait vrai. Il aurait pu rencontrer son ex-PDG si ce dernier s'était attardé aux chalets de Chambran pendant vingt-quatre heures, ce qui paraissait invraisemblable, quand on a une voiture sur place, et une fille qui vous attend. Il n'y avait plus qu'à relever le nom de ses compagnons pour vérifier son alibi.

— Le glacier était comment, Monsieur Dujardin ?

— Qu'est-ce que vous voulez dire ?

— Était-il crevassé ? Dangereux ? Avez-vous remarqué quelque chose ?

— Il était comme d'habitude en début de saison. Des crevasses, il y en a des milliers, des ouvertes, des fermées. Parce que vous pensez que d'Antin s'est mis dans une crevasse ?

— C'est possible, mais pas certain. La seule chose que l'on sait, c'est qu'il a disparu, et qu'il a fait la même course que vous, un jour avant vous. Les gendarmes vont fouiller le glacier.

Au fur et à mesure de l'entretien, Dujardin avait perçu la gravité de la situation. Que d'Antin soit mort, il s'en foutait, cela lui était même plutôt agréable à penser, en revanche, il pensait à son ex-femme. Ma foi qu'elle se débrouille, elle l'avait plaqué ! N'empêche, qu'allait-elle devenir ? Il garda cette pensée pour lui en se disant que cela faisait deux tuiles familiales en peu de temps. Il se contenta de commenter ce qu'Andréani venait de dire.

— Fouiller le glacier ? Autant chercher une aiguille dans une botte de foin ! Surtout qu'il a fait mauvais toute la semaine dernière. Il a dû neiger là-haut. Vous risquez de ne rien trouver, à supposer qu'il ait eu un accident.

— Merci pour cet avis, on va voir cela avec les gendarmes locaux. L'inspecteur Langlois va prendre votre déposition, c'est nécessaire pour l'enquête. Désolé de vous avoir dérangé, et surtout désolé pour votre frère. C'est arrivé comment, au fait ?

— De nuit, c'est affreux. Il a raté un virage, sa voiture est tombée dans un ravin. Après plusieurs tonneaux et une chute de cinquante mètres, elle a pris feu, lui étant dedans. J'espère qu'il n'a pas souffert.

Les deux officiers de police renouvelèrent leur compassion et prirent congé, après que Langlois eût pris la déposition de Dujardin avec un maximum de tact. Pendant ce temps, Andréani appela Elena van Straten.

Grenoble, 23 juillet 1983

Le commissaire Andréani avait réussi à joindre Elena van Straten au téléphone. Pas besoin d'aller à Genève pour boucler l'enquête de ce côté-là. Elena confirma que d'Antin l'avait draguée il y a deux mois environ, promis une vie de rêve après avoir vendu sa société, puis posé un lapin magistral le 17 juillet dernier. Elle lui en voulait beaucoup et ne voulait plus en entendre parler. Andréani la remercia sans lui préciser toutefois que, pour une fois, d'Antin avait été sincère avec une femme et pensait réellement partir aux Seychelles avec elle. Cela ne servait à rien d'une part, et il ne pouvait rien affirmer d'autre part.

— Alors, Langlois, vous pensez quoi de tout cela ?

— Il a eu un accident en descendant le glacier, chef ! Je ne vois pas d'autre solution...

— C'est effectivement l'hypothèse la plus vraisemblable. Dujardin paraît hors de cause. Elena paraît dire vrai, et de toute façon, vous avez retrouvé leurs deux billets d'avion. Vérifiez quand même auprès de la compagnie aérienne que ni l'un ni l'autre n'a pris l'avion correspondant ou changé les billets. Je ne vois pas l'intérêt de laisser une voiture sur un parking alors que tout est ficelé, mais on ne sait jamais. De mon côté, je vais vérifier les alibis de Dujardin. Après, on retourne à Briançon voir nos collègues de là-bas et l'aide qu'ils peuvent nous apporter.

Ainsi fut fait. Alitalia confirma que les deux billets au départ de Turin n'avaient été ni utilisés ni échangés. Les compagnons de cordée de Dujardin confirmèrent qu'ils avaient été à ses côtés sans discontinuer les 16 et 17 juillet, du départ de Grenoble au retour en cette même ville, en passant deux jours en montagne. Les deux hommes reprirent la route de Briançon.

PGHM de Briançon, 24 juillet 1983

Le commissaire Andréani et l'inspecteur Langlois eurent tôt fait de trouver le PGHM, et d'établir le contact avec son patron, le colonel Duprat. Malgré les frictions occasionnelles police-gendarmerie, les trois hommes sympathisèrent rapidement. Langlois détailla le résultat de ses recherches et interviews. Andréani fit part de ses conclusions provisoires, qui risquaient bien d'être définitives si les recherches sur le glacier ne donnaient rien. Le colonel Duprat proposa :

— Vous avez déjà fait de l'hélico ?

— Oui, il y a vingt-cinq ans en Algérie, pourquoi ?

— Dès cet après-midi, je vous emmène faire un tour, vous allez voir, par beau temps, cela vaut le coup ! Plus sérieusement, on va survoler le glacier de Séguret Foran, où votre bonhomme s'est volatilisé. Il y a peu de chances qu'on retrouve quelque chose ; s'il était resté en surface, quelqu'un l'aurait vu depuis huit jours. Et s'il a entrepris une visite en profondeur, ce qui paraît le plus probable, on ne retrouvera rien. D'autant plus qu'il a reneigé ces derniers jours. On le retrouvera dans cinquante ou cent ans, ou jamais. Laissons un dossier pour les petits-enfants de nos successeurs, conclut-il en plaisantant.

— Cela voudra donc dire qu'on classe l'affaire.

— Absolument. Il serait bien quand même que vous fassiez cette course des Dômes de Monêtier, pour mieux vous rendre compte. Vous avez déjà fait de la montagne ?

Les deux policiers se regardèrent, un peu désemparés.

— Un peu, quand j'étais ado, hasarda Andréani.

— Moi, jamais, prévint Langlois.

— C'est une course facile, les rassura Duprat. Pas question que vous y alliez seuls, je vous ferai accompagner par un gendarme, même deux s'il le faut. Mais cela vous donnera une idée de l'itinéraire de votre client avant qu'il disparaisse.

— C'est une bonne idée, qu'en pensez-vous Langlois ?

— J'en pense qu'il va falloir remonter au refuge, c'est pas de la tarte, vous savez chef ?

— Ça, c'est l'apéritif, précisa Duprat, le lendemain, il faut monter encore jusqu'au col du Monêtier, le fameux où votre disparu s'est engueulé avec son beau-frère, traverser les Dômes et redescendre le tout !

— Ouh là là, soupira Langlois.

— Service oblige dit Andréani. On fait tout cela quand ?

— L'hélico cet après-midi, et la course, mettons demain et après-demain, les conditions météo sont bonnes.

L'après-midi même, les deux policiers découvrirent la magie de la haute montagne sans effort. Le pilote leur fit faire un tour complet du massif en leur indiquant les sommets : les Écrins, la Meije, le Pelvoux, les Bans… Puis il entreprit de faire en hélico la course qu'ils allaient réaliser le surlendemain. Passage au plus près du col du Monêtier, puis passage en rase-mottes du glacier. Des traits bleutés par dizaines signalaient les crevasses.

— C'est profond ? demanda Langlois.

— Cela dépend, les plus profondes peuvent faire cent mètres… Et encore, vous ne les voyez pas toutes ; beaucoup sont encore bouchées par un pont de neige.

— S'il s'est mis là-dedans, marmonna Andréani…

— S'il s'est mis là-dedans, on le retrouvera dans très longtemps, comme vous a dit le colonel. Vous vous en rendrez mieux compte quand vous ferez la course, conclut le pilote, en amorçant sa descente vers le PGHM.

Quelques minutes plus tard, l'hélico se posait sur la base de Briançon, précédé par son flaflaflaf caractéristique. Comme les trois hommes s'extirpaient de la cabine, ils virent passer un plateau emportant une épave de voiture complètement calcinée.

— Ah ! ils l'emmènent enfin, ce n'est pas trop tôt ! commenta le pilote.

— Que fait cette voiture chez vous ? Ce n'est pas sa place ! demanda Andréani.

— En l'occurrence, cela l'a été pendant quelques jours, car il y avait un corps à l'intérieur, qu'on a mis un peu de temps à identifier. Le pauvre gars s'est tué tout seul dans un ravin, et comme il n'y avait pas de témoins, il n'a été découvert que deux-trois jours après l'accident. Vous avez vu l'état de la voiture ? Le corps à l'intérieur, c'était pareil. Complètement carbonisé. On a réussi à trouver avec le numéro de châssis, et comme la voiture a été revendue d'occasion une paire de fois, cela a été compliqué. Enfin tout cela s'est fait, le gars a été identifié, rendu à sa famille, et il doit dormir sous terre maintenant. La voiture peut aller à la casse.

Andréani eut un pressentiment : étrange coïncidence avec l'histoire du frère de Dujardin.

— Vous connaissez le nom de la victime ?

— Moi non, mais le chef a sûrement un dossier.

Quelques instants plus tard, le colonel Duprat résumait le dossier, encore présent sur son bureau.

— L'accident a vraisemblablement eu lieu dans la nuit du 16 au 17 juillet ou la nuit suivante. Je dis vraisemblablement car la voiture n'a été découverte que le 18 juillet en fin d'après-midi. Tout avait brûlé dedans, à commencer par ce qui aurait permis de reconnaître le chauffeur, encore présent dans l'habitacle mais non identifiable bien sûr. Il s'agit d'un dénommé Dujardin Alexandre, né le 11 mai 1948 à Paris. Accompagnateur de moyenne montagne de son état.

— C'est comme un guide ?

— C'est un cran en dessous si vous voulez. Il aurait pu passer guide en complétant son expérience et sa liste de courses. Je reprends. La voiture a pu être identifiée avec difficulté par son numéro de châssis gravé, ce qui a permis de remonter à son propriétaire, avec difficulté également, car elle a été revendue d'occasion plusieurs fois, avec des déclarations d'achat pas faites dans les temps. Bref, on a pu identifier Alexandre Dujardin le 20 juillet et prévenir sa famille. Son frère est venu reconnaître le corps, pour autant qu'il y avait quelque chose à reconnaître. Tout ce qu'on a pu récupérer, ce sont les parties métalliques de matériel de montagne, complètement tordues : crampons, mousquetons, deux piolets métalliques déformés par la chaleur. Tout le reste avait brûlé.

— Vous le connaissiez, en tant que professionnel de la montagne ?

— Personnellement, non, mais j'ai fait ma petite enquête auprès des gars du PGHM. Il était connu comme un bon professionnel, sérieux avec les clients. Pas de femme ni de liaison connue dans la vallée. On le disait plutôt solitaire, tant en montagne que dans la vie en général. Le seul lien familial qu'on a pu établir, c'est son frère à Grenoble, ses deux parents étant décédés.

— Et qu'est-ce qui permet de situer l'accident entre le 16 et le 18 juillet ? Pourquoi pas plus tôt ?

— On a enquêté auprès des offices du tourisme de la vallée. Il a accompagné des sorties en montagne toute la semaine jusqu'au 16 au matin. Après, personne ne l'a vu.

Andréani reprit le fil :

— C'est quand même fou ! Les deux frangins étaient à quelques kilomètres l'un de l'autre et ils ne le savaient pas ! Pire, l'autre Dujardin est reparti sur Grenoble pendant que son frère se tuait en voiture, et il a dû revenir dans la semaine pour reconnaître le corps !

— C'est exactement cela, commissaire !

— Langlois, il faudra s'assurer auprès du refuge du Glacier Blanc s'il n'a pas hébergé un second Dujardin pendant cette période !

— On y a bien pensé, commissaire ! On a fait le tour de tous les refuges du coin pour savoir si Dujardin Alexandre n'y avait pas couché dans la nuit du 16 ou du 17, afin de clarifier la date de l'accident. Les gardiens le connaissent forcément bien, puisqu'il passe tous ses étés en montagne. Personne ne l'a vu ces deux nuits-là. Et ils n'étaient pas étonnés plus que cela, car, comme je vous l'ai dit, ce garçon passait pour plutôt solitaire. Il lui arrivait souvent de bivouaquer et d'éviter les refuges. On ne sait donc pas où il était avant son accident. En montagne, peut-être, à moins que ce ne soit dans la vallée.

— C'est un accident? Vous avez envisagé une autre hypothèse?

— Oui, par acquit de conscience. C'était un brave gars qui n'avait pas d'ennemi. Et surtout, on a enquêté sur la route à l'aplomb de l'endroit où l'on a retrouvé la carcasse de la voiture. C'est éloquent : des traces de pneus qui vont tout droit vers la glissière de sécurité, laquelle est complètement enfoncée. Le gars a dû s'endormir ou donner un coup de volant à vive allure. Du reste, vous allez y passer demain en partant faire la course, c'est sur la route entre Prelles et Les Vigneaux, vous verrez par vous-même.

Le commissaire remercia son homologue de la gendarmerie, mais se dit en lui-même qu'il interviewerait quand même le gardien du refuge. Et puis, un coup de fil au Dujardin de Grenoble s'imposait.

25 juillet 1983

Andréani et Langlois, accompagnés de deux gendarmes du PGHM, faisaient route vers le pré de Madame Carle, point de départ de la montée au refuge du Glacier Blanc. Tandis que Langlois ne manquait pas une occasion de montrer sa fraîche connaissance du terrain à son chef, celui-ci repassait en revue les derniers éléments nouveaux qui, malheureusement, ne permettaient pas d'avancer. Il restait insensible à la masse du Pelvoux écrasant la vallée, et ressassait les dernières informations recueillies et vérifiées par ses soins. Ils s'étaient arrêtés sur les lieux de l'accident du frère de Dujardin. Effectivement, l'hypothèse de l'accident était la bonne : traces de pneus d'une voiture qui dérape, glissière de sécurité enfoncée, le tout au-dessus d'un ravin de plus de soixante mètres. Arbustes arrachés, traces d'incendie sur le replat où la voiture s'était écrasée. Comme il n'y avait que de la caillasse à cet endroit précis, l'incendie s'était éteint de lui-même. Et comme cette route était peu fréquentée de jour, et pas du tout la nuit, il était possible que le tout n'ait été découvert que vingt-quatre ou quarante-huit heures plus tard. Antoine Dujardin, qu'il avait rappelé, lui avait confirmé qu'il connaissait les activités de son frère, qu'il aimait beaucoup et qu'il voyait plusieurs fois par an, mais pas au point de connaître son emploi du temps du week-end dernier. C'était donc un pur hasard si les deux frères s'étaient trouvés dans le même secteur au même moment. De plus, son emploi du temps avait été confirmé.

Arrivés au pré de Madame Carle, les quatre hommes se mirent en route, les deux gendarmes surentraînés du

PGHM faisant de fréquentes pauses pour attendre leurs deux collègues de la police, plus lents. Andréani s'était enfin un peu détendu, et écoutait Langlois qui faisait le malin :

— Vous voyez, chef, là-bas c'est les Écrins, et puis à côté, c'est les Bans…

— Non, c'est le Coolidge, reprit un des deux gendarmes en rigolant.

Deux heures plus tard, ils arrivaient au refuge du Glacier Blanc, qui n'avait plus de secret pour Langlois :

— Chef, faut mettre des sabots ! Et votre piolet, c'est dehors !

— C'est bon, Langlois, je vois bien que c'est le « terrain » qui parle ! Présentez-moi donc le gardien du refuge !

— Ah tiens, c'est encore vous ! Oh mais vous êtes accompagné cette fois, dit celui-ci qui, bien évidemment, connaissait les deux gendarmes du PGHM. Bon ce coup-là vous partez en course pour de bon ? Cela vous évitera de me réveiller à point d'heure comme l'autre fois !

Les présentations faites, le gardien fut rassuré sur ce point précis. Andréani et Langlois consultèrent une nouvelle fois les registres témoignant du passage de d'Antin et Léoni le 16, puis d'Antoine Dujardin et trois compagnons de cordée le lendemain. Oui, bien sûr il connaissait son frère Alexandre – le pauvre, quel accident atroce – oui il avait appris cela.

Non, il ne l'avait pas vu depuis quinze jours au moins, en tout cas certainement pas le week-end dernier.

— Bon, c'est pas le tout, faut que je serve la soupe, tenez, votre table est là.

Les quatre hommes soupèrent en profitant des derniers rayons du soleil sur le Pelvoux et l'Ailefroide, ce spectacle intéressant plus les deux policiers parisiens que les deux gendarmes du PGHM dont c'était le quotidien. Andréani, qui utilisait toujours les compétences des autres, demanda leur avis à ces derniers, à qui il avait relaté les éléments de son enquête. Ces deux derniers étaient du même avis :

— Ne cherchez pas plus loin, Monsieur le commissaire, il s'est mis dans une crevasse votre lascar ! Vous verrez demain comment cela se présente, mais s'il était seul sur le glacier, non encordé et peu expérimenté, c'est vite fait vous savez ! Tous les ans on en repêche quelques-uns, quand on est prévenu à temps, mais au-delà de quelques heures, il peut prendre un forfait chez Findus, votre bonhomme, et pour peu qu'il soit parti au fond, nous ne serons plus là ni les uns ni les autres quand on le retrouvera, si on le retrouve ! Ajoutez à cela que s'il était attendu par une fille, on ne voit pas pourquoi il ne serait pas allé la rejoindre !

Sur cette considération pleine de philosophie, les quatre hommes terminèrent leur souper et gagnèrent leur dortoir, ses bruits de matériel qu'on prépare au milieu des premiers ronflements, tout cela alors que le soleil se couchait tout juste.

26 juillet 1983

— Debout, Messieurs, c'est l'heure !

Langlois consulta l'heure : trois heures du matin.

— Ce n'est pas un peu tôt, non ?

— C'est l'heure idéale, vous allez voir ! Et puis il va faire grand beau !

— P… de métier, soupira-t-il, je venais juste de m'endormir…

C'était le syndrome classique du novice en refuge : passer une mauvaise nuit entre le ronflement des habitués et le stress de l'inconnu du lendemain, et puis se faire réveiller en pleine nuit une demi-heure après s'être enfin endormi. Andréani ne valait pas mieux.

Ils descendirent dans la salle à manger où une agitation intense régnait : certains avalaient en vitesse leur petit-déjeuner, d'autres refaisaient leur sac à dos après avoir étalé son contenu sur la table, d'autres encore commençaient à s'équiper en enfilant leur baudrier, leurs guêtres et leurs chaussures. Le tout dans une atmosphère un peu fiévreuse où le guide met la pression sur son groupe – dépêchez-vous, il faut qu'on parte avant les autres – et où les paroles et gestes inutiles sont bannis. Les deux gendarmes du PGHM, avertis de l'amateurisme des deux policiers parisiens, et aussi de leur grade et de leur mission, se montrèrent cool, les aidèrent à s'équiper, à ne rien oublier, et à quatre heures le groupe quitta le refuge.

Ils n'étaient pas partis les premiers, loin de là ; au loin on voyait les frontales des cordées précédentes remonter le glacier Jean Gauthier.

— C'est là qu'on va ? s'inquiéta Langlois.

— Eh oui, Messieurs !

Andréani, fort occupé à maîtriser son souffle, leva l'œil sur le panorama. C'était avant l'aube, le soleil était encore invisible, mais on y voyait clair, d'autant plus que la lune était au rendez-vous.

— Dans une demi-heure, on fera une pause. Vous avez pris un appareil photo ?

— On en a toujours un, pour l'enquête…

— Même si ce n'est pas prévu pour celle-ci, prenez quelques photos du lever de soleil sur les Écrins, vous verrez, c'est chouette !

Effectivement, une demi-heure plus tard, une pause – bienvenue par ailleurs car Andréani et Langlois commençaient à souffler comme des phoques – leur permettait d'admirer le lever de soleil sur les pentes enneigées alentour.

— Mitraillez, Monsieur le commissaire, mitraillez ! cela change à chaque seconde !

Andréani s'exécuta, et constata qu'en effet, la luminosité changeait très rapidement. Les pentes de neige passèrent du rouge au blanc en cinq minutes après avoir traversé plein de nuances.

— Bon, on boit un coup, et puis on va s'encorder et chausser les crampons. Vous avez déjà marché en crampons ?

Devant la double réponse négative, les deux gendarmes du PGHM échangèrent un sourire amusé, mais, bons camarades, ils aidèrent leurs collègues à installer leurs « crabes », et aussi à marcher sans trop se prendre les pieds dedans. La progression étant relativement lente, ils arrivèrent à un col à sept heures trente.

— Le col du Monêtier, Messieurs !

— Ah ! c'est là ?

— Oui, c'est là, maintenant, on va évoluer de l'autre côté avec quelques descentes et remontées, puis on va redescendre sur le lac de l'Eychauda. Si tout va bien, on y sera pour déjeuner.

Malgré son essoufflement, Andréani se souvenait des éléments de l'enquête : d'Antin et Léoni s'étaient séparés au col du Monêtier après s'être engueulés vers onze heures.

— Mais dites donc ! c'est vachement tôt cela ! on n'aurait pas pu partir plus tard ?

— Sécurité, Monsieur le commissaire, sécurité ! Une course de neige, il faut l'avoir terminée à midi. Comme on marche plutôt lentement, j'ai pris de la marge.

— Le client qu'on recherche, d'Antin, était au col vers onze heures. C'est tard cela ?

— C'est beaucoup trop tard ! C'est tellement tard que c'est pour cela qu'il est sans doute mort ! À partir de dix heures, la neige ramollit, les ponts de neige peuvent céder sous le poids d'un homme. De plus, avec la fréquentation habituelle de cette course, à cette heure-là, il devait être bon dernier sur le glacier ! S'il est tombé dans un trou et que personne ne l'a vu, cela explique le reste. Bon, on va y aller !

La partie réellement neigeuse de la course commençait, et Andréani se rendit vite compte de la véracité des propos du gendarme. Autant sur la partie ascendante, à l'ombre, les crampons mordaient difficilement dans la neige durcie, autant l'effet du soleil réchauffait celle-ci rapidement, et plus d'une fois un gendarme du PGHM dut tendre la corde pour enrayer une glissade de son client parisien. Malgré l'essoufflement, la corde qui s'emmêlait dans leur attirail, Andréani et Langlois purent admirer le panorama. Arrivés à une brèche, un gendarme leur dit :

— Regardez messieurs ! notre voiture est en dessous !

Langlois se pencha.

— La vache ! Regardez, chef ! Faut pas avoir le vertige !

Mille cinq cents mètres plus bas, les voitures garées au pré de Madame Carle scintillaient. Andréani, pour qui les explications données par Léoni au commissariat étaient abstraites, visualisait maintenant complètement le « on laisse une voiture au pré de Madame Carle et l'autre aux chalets de Chambran ». À deux ou trois reprises, il avait sauté des crevasses. Un peu plus tard, un gendarme lui dit :

— Vous voyez, là ? Vous êtes en plein sur un pont ! Ne craignez rien, il tient et je vous assure !

Bien sûr, Andréani n'avait rien vu du tout. Il comprenait de plus en plus la thèse de l'accident. La course se poursuivit, entrecoupée de pauses et de commentaires aimablement donnés par les deux gendarmes. Andréani prit plusieurs photos de crevasses, tant pour lui-même que pour son dossier.

Les deux gendarmes lui expliquèrent que si quelqu'un s'écartait du chemin – la trace – et traversait un pont de neige, il fallait intervenir immédiatement. Si ce n'était pas le cas, la mort arrivait rapidement par hypothermie. Quant aux chances de retrouver un corps huit jours après, elles étaient plus que minces : il fallait savoir où celui qu'on cherchait était tombé, ce qui n'était pas le cas, et espérer qu'il ait été retenu dans sa chute par un bouchon de neige obstruant la crevasse à quelques mètres sous le niveau du glacier. Comme il y en avait des centaines sur un glacier long de plusieurs kilomètres, autant chercher une aiguille dans une botte de foin…

Vers midi, les quatre hommes arrivèrent au lac de l'Eychauda.

— Bon, on va casser la croûte ! Vous avez bien marché pour des débutants ! Encore un peu de marche et on sera à Chambran. Vos conclusions, Monsieur le commissaire ?

— Les mêmes que les vôtres. Merci pour votre aide, mais on va clore le dossier. Je voudrais par acquit de conscience fouiller la Renault 20 à Chambran. Elle y est toujours, Langlois ?

— Oui, je me suis arrangé avec Europcar. Ils m'ont confié le double des clés qu'ils ont récupéré auprès de Grenoble. Je leur ai dit qu'on faisait une visite de routine et leur rendait la bagnole. Mais vous savez, elle est plus vide que la cervelle d'un policier !

— Très drôle Langlois ! je vois que l'altitude favorise l'humour !

Deux heures après, ils étaient aux chalets de Chambran. Après un café à la buvette, Andréani et Langlois refouillèrent la R20 qui était toujours là. Une perquisition méthodique leur permit de prélever quelques cheveux, ce qui n'allait pas apporter grand-chose dans le cas d'une voiture de location. Tout le reste était vide.

Tandis que Langlois s'endormait pendant le trajet du retour, Andréani réfléchit au rapport qu'il allait rédiger, et qui se terminait par une disparition non élucidée, ce qui est somme toute fort vexant pour un officier de police.

De retour au PGHM, il remercia le colonel Duprat pour son aide, et lui promit de lui faire passer ledit rapport d'ici la fin de la semaine. Il conclut, à l'adresse de son inspecteur :

— Les vacances sont finies, Langlois, on retourne au bercail !

— Vous parlez de vacances, commissaire ! Des coups de soleil, des courbatures et des ampoules aux pieds ! Enfin ! Maintenant je connais la montagne ! fut la conclusion de l'Inspecteur Langlois, qui se promit bien de rester fidèle à La Baule, ses vagues, ses pins et ses crustacés.

29 juillet 1983, commissariat du XVIe

Andréani avait rédigé son rapport classant l'affaire de la disparition de Guillaume d'Antin. Conclusion : chute accidentelle en crevasse sur le glacier de Séguret Foran le 16 juillet 1983, puisqu'on était sûr qu'il avait été vu pour la dernière fois peu avant midi ce même jour par son beau-frère, et que la personne qui l'attendait, Elena van Straten, ne l'avait jamais réceptionné. On avait bien une conclusion, mais on n'avait pas de corps. Restait à savoir comment il allait présenter les choses à Madame d'Antin.

— Qu'est-ce que vous en pensez, Langlois ?

— Je pense qu'il faut lui dire la vérité sur l'accident, chef, en revanche, ce n'est peut-être pas trop la peine d'insister sur le rendez-vous avec Elena van Straten et le projet de dégagement définitif. Elle a peut-être été assez secouée comme cela, non ?

— Je pense la même chose que vous, Langlois, sauf que Madame d'Antin saura forcément que son mari a vendu son affaire, et que sa concurrente officielle, Vera Olchewski ex-Dujardin ne faisait pas partie du voyage. Ne serait-ce que parce que d'Antin s'en est vanté auprès de son frère.

— Vous avez raison, chef…

— Bon, je la convoque pour cet après-midi, on va bien voir…

Ainsi fut fait. L'après-midi même, Nicole d'Antin était dans les locaux du commissariat. Elle paraissait plus détendue que la première fois.

— Madame d'Antin, vous nous avez fait part de la disparition de votre mari il y a onze jours exactement. L'enquête que nous avons menée nous a permis de conclure à un accident. Je ne vous cache pas que si nous avons mis tout ce temps, c'est que nous n'avons écarté aucune autre hypothèse. Je suis désolé, Madame.

— Je vous remercie, commissaire, pour le mal que vous vous êtes donné. Je sais que vous avez échangé avec mon frère sur le sujet. Entre-temps, j'ai appris par l'avocat de mon mari qu'il avait vendu sa société. Il ne m'avait jamais parlé de ce projet. Ce silence et son infidélité me font penser qu'il voulait me quitter, qu'il avait un « plan B » comme disent les jeunes.

— C'est possible qu'il en ait eu un, mais nous avons la preuve qu'il n'a pas quitté le territoire.

— Vous pensez qu'on aurait pu… le tuer ?

— Nous y avons pensé, Madame, mais rien ne le prouve, surtout en l'absence de… corps. D'autre part, les professionnels de la montagne, et notamment les gendarmes avec qui nous avons suivi l'itinéraire de Monsieur d'Antin, sont formels : il s'agit d'un accident.

Andréani, légèrement embarrassé, insista sur le fait que d'Antin n'avait jamais repris sa voiture de location, sans parler des deux billets d'avion non utilisés.

Assez curieusement, Nicole d'Antin n'insista pas. Elle paraissait même soulagée de cette séparation imposée par le cours des choses, et qu'elle n'avait pas eu le courage de déclencher jusqu'à présent. Elle posa quelques questions d'ordre administratif sur la façon d'organiser les obsèques en l'absence de corps, et sur les difficultés éventuelles en matière de succession. Andréani répondit dans la limite de ses compétences, et renvoya la balle pour le reste aux avocats.

Elle remercia encore et prit congé assez rapidement. Après son départ, Andréani et Langlois débriefèrent une dernière fois.

— Elle n'a pas l'air plus triste que cela, la veuve, pas vrai patron ?

— Vous avez raison, Langlois. Notez bien, personne ne nous en a dit du bien de ce type ! Elle a dû avoir une drôle de vie jusqu'à présent, et mesurer maintenant que la page est tournée, et qu'une nouvelle existence va pouvoir commencer.

— Vous savez quoi, patron ?

— Dites toujours ?

— Elle avait l'air tellement soulagée que l'idée m'a traversé l'esprit que cette disparition l'arrange tellement qu'elle aurait pu l'organiser, elle. Après tout, elle va hériter d'un pactole et elle est débarrassée d'un salaud.

— C'est marrant, Langlois, j'ai eu la même idée ; mais ce n'est pas possible pour plusieurs raisons ; primo, le rendez-vous avec Elena existait bel et bien avec les billets d'avion, deuzio, cela aurait supposé qu'elle s'organise avec quelqu'un qui aurait fait disparaître d'Antin le samedi 16 juillet, en un endroit très précis et reculé, dans un milieu montagnard qu'elle ne connaît pas, tertio, son frère nous a dit qu'elle l'avait chargé de ramener d'Antin au bercail. Et son frère lui-même est hors de cause puisque le guide que vous avez interrogé les a vus repartir chacun de leur côté.

— Attendez chef! Si crime il y a, à qui profite-t-il? À la veuve en l'occurrence. Celle-ci ignorait le dégagement programmé avec Elena, donc, en étant un peu machiavélique, elle a pu passer un contrat sur d'Antin indépendamment de ce dernier.

— J'y ai pensé, Langlois, mais à ce moment, elle n'aurait pas été dans l'état où je l'ai vue lors de notre première rencontre; elle était vraiment dévastée. Et puis, à ce moment, son frère aurait été dans le coup, forcément, puisqu'ils ont fait la course ensemble. Dans cette hypothèse, l'un et l'autre ne seraient pas venus me voir aussi spontanément. Et puis la dispute au col du Monêtier a eu des témoins.

— Autre hypothèse: après la dispute, le frère commence par redescendre côté Glacier Blanc. Sa sœur et lui n'ont effectivement rien prémédité. Chemin faisant, Léoni repense à sa sœur, à la conduite de son salaud de beau-frère, et il remonte vers le col pour le suivre et le tuer. Comme il est tard, il n'y a pas de témoins, notamment, le guide qui les a séparés est parti de son côté depuis un moment. Il rejoint son beau-frère, le tue et le fait disparaître dans une crevasse. Comme son emploi du temps du reste de la journée repose sur sa seule déclaration, c'est possible.

— C'est tiré par les cheveux, Langlois ! On a bien un mobile, mais pas de corps, pas de preuve ! Et puis, je repense à quelque chose que nous allons vérifier tout de suite.

Le commissaire se jeta sur le téléphone, et appela le gardien du refuge du Glacier Blanc. Bien sûr, il le dérangea en pleine sieste, les horaires de bureau parisiens ne correspondant pas forcément à ceux des refuges de haute montagne.

— Commissaire Andréani, désolé de vous redéranger, mais c'est la dernière fois. Promis.

— …

— Dites-moi, est-ce trop vous demander de vérifier par acquit de conscience comment Monsieur Léoni vous a payé sa consommation du 16 juillet, quand il est redescendu du col du Monêtier.

— Oh là là, cela va être compliqué, et puis s'il a payé en liquide, je n'aurai pas de trace !

— Je sais, c'est ce que vous m'avez dit l'autre fois. Mais s'il avait payé par chèque ou carte bleue, ce serait bien. Le commissaire évita d'ajouter « pour lui ».

— Il vous faut cela pour quand ?

— Eh bien tout de suite, comme d'habitude !

Le commissaire trouva les mots pour calmer les protestations du pauvre gardien. Ce dernier rappela dans l'après-midi pour indiquer qu'il avait trouvé trace d'un chèque correspondant au prix d'un déjeuner rapide. Léoni était hors de cause lui aussi.

— Bon, ce coup-là, on classe l'affaire, Langlois. La conclusion de l'accident s'impose, et les éventuels suspects d'un éventuel meurtre sont hors de cause. Ce qui me laisse un goût de trop peu, c'est l'absence de corps. On aurait peut-être pu aller plus loin. Mais on ne va pas le fabriquer et on va passer à autre chose. Je me demande ce qu'ils vont devenir, tous ces gens-là.

Que sont-ils devenus ?

Le commissaire Andréani poursuivit une carrière dans la police qui l'amena au rang de commissaire principal. Les mutations successives l'éloignèrent puis le rapprochèrent de l'inspecteur Langlois. Chaque fois qu'ils se retrouvaient, ils évoquaient l'affaire d'Antin non élucidée, et bien souvent, l'un ou l'autre marmonnait « quand même, on aimerait bien être sûr que c'est un accident ». Un léger doute persistait. Ils connurent une heureuse retraite et disparurent la même année, en 2027.

— Nicole d'Antin fut très occupée par le règlement de la succession de son mari. Cela lui prit deux bonnes années, au terme desquelles elle refit sa vie avec un acteur de cinéma. Elle connut des jours heureux, en tout cas meilleurs qu'auparavant, jusqu'en 2030.

— Vera Olchewski mit un an à sortir de sa déprime. Elle aussi finit par rencontrer un nouveau compagnon dont elle eut deux enfants.

— Antoine Dujardin mit lui aussi un an à se remettre de la mort tragique de son frère. Sa nouvelle compagne et son job l'y aidèrent considérablement, et la seconde partie de sa vie s'écoula normalement.

— D'Antin et Cie connut pas mal de bouleversements. Les acheteurs américains développèrent de nouvelles activités, puis les vendirent par appartements. Les plans sociaux se succédèrent. Le délégué syndical, François, en fit partie, mais Yvonne Fréaud demeura, car elle était la mémoire de la société.

— Elena van Straten apprit à se méfier des hommes quadragénaires qui lui promettaient la lune. Après quelques liaisons, elle se stabilisa et épousa un diplomate suédois en poste à Genève. La carrière de son mari lui fit parcourir le monde entier. Toutefois, elle ne mit jamais les pieds aux Seychelles.

— Maître Dufour poursuivit sa carrière d'avocat véreux.

— Léoni continua à Nice sa carrière d'entrepreneur. Il continua à faire de la montagne, mais ne revint jamais dans le massif de l'Oisans.

PGHM de Briançon, 10 novembre 2053

Muni de la date de l'accident – 1983 –, le colonel Chappaz avait réussi à se procurer le rapport sur la disparition de d'Antin. Il l'avait retrouvé facilement, car Andréani, fidèle à sa parole, l'avait transmis soixante-dix ans auparavant au colonel Duprat. La gendarmerie étant un corps bien organisé, tout se retrouvait. Il éplucha le rapport toute une journée, et le referma en maugréant :

— Ils sont bien gentils, les collègues d'il y a soixante-dix ans ! Ils ont conclu à l'accident sauf que cela n'en était pas un ! On l'a tué ce type ! En coupant la corde à six mètres de son baudard ! Il est vrai qu'ils ne pouvaient pas le deviner sans avoir le corps sous les yeux !

C'est le moment que choisit le lieutenant Giraud pour faire son apparition.

— Tiens, Giraud, vous vous souvenez de Narcisse ? votre macchab préféré ?

— Bien sûr chef ! Vous avez du nouveau ?

— Oui et non. Voilà le rapport qui a été fait à l'époque, concluant à un accident, faute de preuve, et surtout faute de macchab. Deux policiers sont descendus de Paris et ont travaillé avec les gars du PGHM de l'époque.

— Je peux le voir, ce rapport, chef ?

— Si cela vous amuse, le voici ! Et si vous trouvez un coupable, je vous paie le champagne !

— Chiche chef ?

— Chiche.

Le jeune lieutenant s'empara du document et commença à le lire avidement.

Maison de retraite Rhône Azur, 11 novembre 2053

— Papy, Papy, tu m'entends ?

Léon Giraud émergea de sa somnolence. À cent deux ans, cela lui arrivait de plus en plus souvent. Pourtant, l'ensemble de la carcasse était encore bon, et la tête fonctionnait toujours bien, malgré quelques trous de mémoire, bien compréhensibles à cet âge. Veuf depuis vingt ans, il avait dû, contraint et forcé, quitter son chalet de Vallouise pour cette maison de retraite il y a cinq ans.

— Tiens, mais c'est mon petit Félix qui vient me rendre visite, comme c'est gentil ! Heureusement que tu viens me voir de temps en temps, sinon je n'aurais pas beaucoup de visites ! Comment est la montagne en ce moment ?

— Cela se rafraîchit Papy ! C'est la saison qui veut cela ! Il n'a pas encore beaucoup neigé, mais en altitude, tout est bien gelé ! Pour les courses, il va falloir attendre, il y a plusieurs centimètres de verglas sur le rocher !

— C'est sûr, il doit commencer à faire froid, là-haut ! Tu es sorti récemment ?

— Oui, il n'y a pas très longtemps. Du reste, c'est un peu pour cela que je viens te voir…

— Ah ?

— Eh oui ! Imagine-toi que l'autre jour, après un sauvetage, on a retrouvé un corps au-dessus du lac de l'Eychauda. Complètement par hasard.

— Ah ?

— Guillaume d'Antin, cela te dit quelque chose ?

— Comme cela non. Tu sais, des clients, en trente-cinq ans de guide, j'en ai connu des milliers, alors ma pauvre tête ne retient pas tous les noms !

— Bien sûr, Papy, bien sûr. Mais dis-moi, est-ce que cela te parle, une dispute entre deux hommes au col du Monêtier, en juillet 1983 ?

Le visage du vieux guide s'éclaira.

— Ah pour ça oui ! Je m'en souviens ! Un type complètement fou qui voulait taper sur son compagnon à coups de piolet ! J'ai dû les séparer, il y en a un des deux – le moins fou – qui est redescendu côté Glacier Blanc, et l'autre côté Eychauda. J'allais aux Agneaux avec un client. Je lui ai bien proposé de le prendre sur ma corde pour qu'il ne soit pas tout seul, mais c'est tout juste s'il ne m'a pas insulté. Mais dis donc, comment tu sais tout cela toi ?

— Oh, c'est bien simple, c'est lui qu'on a retrouvé la semaine dernière, soixante-dix ans après. Comme le rapport de police mentionne un Giraud, je me suis dit que soit c'était toi, soit c'était ton frère, j'avais une chance sur deux.

— C'est vrai qu'un flic de Paris est venu me voir peu après. Je m'en souviens maintenant.

— Et qu'est-ce que tu lui as dit ?

— La même chose qu'à toi, qu'est-ce que tu veux que je lui dise d'autre ?

— Rien, bien sûr.

— Alors comme cela, ce type s'est fichu dans une crevasse ? Pas étonnant note bien ! Tout seul, pas encordé à cette heure !

— Pas encordé, Papy ? Tu confirmes qu'il n'était pas encordé ?

— Bien sûr que non ! Avec qui il l'aurait été ?

— Il aurait pu garder l'encordement sur son baudrier et mettre la corde dans le sac, par exemple, dans l'espoir de trouver quelqu'un…

— Non, non. Je me souviens que quand je lui ai proposé de le prendre sur ma corde pour l'emmener aux Agneaux, il était décordé. Son compagnon qui venait de descendre côté Glacier Blanc avait gardé leur corde.

— Selon toi, Papy, il était bon dernier sur la course, ou il a pu rencontrer quelqu'un d'autre que toi par la suite ?

— Mais dis donc, l'enquête, elle n'est pas finie ? Pourquoi tu me poses toutes ces questions ?

Giraud junior expliqua le bout de corde sur le baudrier de d'Antin, sectionné à six mètres de l'encordement.

— Ah bien ça alors, ce n'est pas banal !

— Donc à ton avis, Papy, il a pu rencontrer quelqu'un en descendant, quelqu'un qui serait passé au col du Monêtier après onze heures, et avec qui il se serait encordé ?

Le vieux guide observa un silence. Son petit-fils respecta sa concentration un moment, puis reprit :

— Alors Papy, qu'est-ce que tu en penses ?

— Écoute, fiston, ce n'est pas évident. Moi, je suis monté aux Agneaux en quittant le col. Apparemment, il n'y avait personne qui montait du Glacier Blanc, c'était déjà tard. Maintenant, il se lève un fou tous les matins ! Si quelqu'un est monté une heure après, je ne peux pas le savoir ! D'autre part…

— Oui, d'autre part ?

— En montant aux Agneaux j'ai croisé deux ou trois cordées qui redescendaient par là, bien que ce ne soit pas la descente habituelle. Étant guide, je leur ai forcément dit que si jamais ils descendaient côté Vallouise, qu'ils essaient de repérer ce gars tout seul et de le prendre sur leur corde. S'il s'était un peu calmé…

— Tu penses que cela a pu arriver ?

— Normalement non, à cette heure tardive, la prudence consistait à descendre côté Glacier Blanc. C'est ce qu'ils m'auront répondu, mais tu sais c'est vieux tout cela, très vieux. Pourtant…

— Oui, Papy ?

Le vieux Giraud se concentra à nouveau.

— Maintenant que tu m'en reparles, je crois bien que c'est le jour où j'ai croisé l'accompagnateur qui s'est tué en voiture le soir même...

— Dujardin ?

— Oui, Dujardin, c'est cela. Pauvre gars, il n'a pas eu de chance !

— Il était donc dans le secteur ce jour-là ?

— Oui, cela me revient, il redescendait des Agneaux, lui. On a bavardé deux minutes, je lui ai demandé comment était la course, tout ça... Et je lui ai dit « dis donc, il y a un fondu tout seul qui descend vers l'Eychauda. Tu ne vas pas par là des fois ? » Il m'a répondu qu'il pensait plutôt descendre de l'autre côté, mais qu'il fallait voir. Il était pas très causant, tu sais.

— Tu savais qu'il avait un frère qui fréquentait la montagne ?

— Il m'en avait parlé une fois ou deux, mais je ne le connaissais pas.

— Comble du hasard, son frère a couché au Glacier Blanc le lendemain, mais les deux frangins ne savaient pas qu'ils étaient si près l'un de l'autre. Mais dis-moi, pour redescendre des Agneaux à cette heure, il avait couché où Dujardin ?

— Il a dû partir la veille, et bivouaquer en altitude, c'était bien son style !

— Donc, selon toi, Papy, il y a une chance pour qu'il soit redescendu côté Eychauda ?

— C'est possible. Pas sûr mais possible, mais dis-moi, comment tu peux le connaître, toi, ce Dujardin ?

— Le rapport, Papy, le rapport ! L'autre Dujardin, celui de Grenoble, avait de bonnes raisons d'en vouloir au disparu. De plus, il se trouvait dans le secteur au moment de la disparition. Mais il avait un alibi béton. Comme son frangin s'est tué au même moment, le rapport le mentionne.

— Écoute, fiston, tout ce que je peux te dire, c'est que le Dujardin que je connaissais, l'accompagnateur, c'était un chic gars. En revanche, celui qui a disparu, d'une part il était fou, d'autre part, il avait l'air foncièrement mauvais.

— Pourquoi tu me dis cela, Papy ?

— Oh, comme ça… cette corde coupée, la présence possible de ces deux hommes sur le glacier à une heure tardive, sans témoins…

— Bon sang, Papy ! Tu penses que…

— J'en sais rien, fiston, j'en sais rien ! tout ce que je sais, c'est qu'il faut avoir le bras sacrément long pour couper une corde à six mètres de son baudrier quand on est en tension dessus !

— Merci Papy ! tu parles d'or ! on devrait toujours écouter les anciens ! Je vais relire le rapport, on ne sait jamais !

Félix Giraud embrassa son grand-père et fonça vers le PGHM.

16 juillet 1983, treize heures

Alexandre Dujardin souffla deux minutes en arrivant au col du Monêtier. Il hésitait sur la conduite à tenir. Normalement, il devait descendre côté Glacier Blanc, ce qui était le plus prudent d'une part, et le chemin le plus simple pour rejoindre le bureau des guides et accompagnateurs d'Ailefroide où il devait repasser d'autre part. Seulement voilà. Il avait en tête ce que Giraud venait de lui dire une demi-heure avant, lorsqu'il l'avait croisé sur la route des Agneaux. Un gars tout seul sur le glacier côté Eychauda à cette heure tardive, ce n'était pas prudent. D'un côté, ce n'était pas son problème, la montagne était aussi fréquentée par des irresponsables, de l'autre côté, le service aux autres, il avait cela dans le sang. Après deux minutes de réflexion, le temps de manger un fruit, il prit sa décision : il allait descendre côté Eychauda, pour dépanner ce gars tout seul. Il trouverait toujours quelqu'un pour le ramener à Ailefroide. Il s'engagea rapidement sur le glacier et entreprit la traversée des Dômes. La trace était franche, mais il n'y avait plus personne depuis belle lurette ; la neige était devenue molle. « Ce n'est vraiment pas le moment de tomber dans un trou » marmonna-t-il pour lui-même. Il savait par expérience que sans personne pour l'assurer, et personne pour constater l'accident, une chute solitaire en crevasse se terminerait tragiquement. Il redoublait donc d'attention tout en scrutant le glacier. Personne en vue, du moins pour l'instant. Il calcula mentalement que l'homme dont lui avait parlé Giraud pouvait avoir une bonne heure d'avance sur lui. En principe, il était moins rapide, Dujardin devrait donc le rattraper avant la fin du glacier. Soudain, il aperçut au loin un point rouge en contrebas. Pas de doute, c'était lui ; il n'y avait personne aux alentours.

— Nom de Dieu, il va sur la rive droite, il s'est écarté de la trace ! Monsieur ! Eh Monsieur !

L'autre tourna la tête. Il paraissait désorienté.

— Attendez-moi ! j'arrive !

D'Antin tourna la tête. Il avait bien marché jusqu'à présent, mais ne trouvait plus la trace. Il n'avait pas trop étudié l'itinéraire, puisque c'est Léoni qui avait préparé la course, et puis, il pensait que lui, d'Antin, trouverait toujours avec sa débrouillardise habituelle. Toutefois, il n'était pas fâché de voir arriver quelqu'un, parce qu'il sentait bien qu'il s'était perdu. Si l'autre connaissait le secteur, il allait l'attendre. Il prit donc le parti de ne plus bouger. Un quart d'heure après, l'accompagnateur de haute montagne l'avait rejoint.

— Vous avez perdu la trace, Monsieur, et puis vous êtes tout seul, ce n'est pas raisonnable ! Venez avec moi, on va s'encorder ensemble !

Son bonnet et ses lunettes de glacier ne permettaient pas de dévisager l'homme, mais d'Antin aurait reconnu cette voix entre toutes.

— Dujardin, c'est vous ? Mais qu'est-ce que vous faites là ?

PGHM de Briançon, 11 novembre 2053

Le lieutenant Giraud fit son entrée dans le bureau du colonel Chappaz.

— Pour moi, ce sera du Mumm Cordon Rouge, chef !

— Cela fait longtemps qu'on ne fête plus le 11 novembre, vous savez Giraud ! Et puis, ce n'était pas au champagne !

— Je ne vous parle pas de cela, chef ! J'ai trouvé le meurtrier de Narcisse !

— Qu'est-ce que vous me dites là ?

— J'ai passé la nuit sur le rapport, chef, c'est Alexandre Dujardin qui a tué d'Antin !

— Et comment vous le savez ? Ils ne se connaissaient pas !

— D'Antin ne connaissait pas Alexandre Dujardin, mais il l'a reconnu !

— Comment cela ?

— C'est tout simple chef ! Alexandre et Antoine Dujardin étaient frères, mais ils étaient surtout frères jumeaux !

— Et comment le savez-vous ?

— Le rapport chef ! Tout le rapport, rien que le rapport ! Les dates de naissance ont été notées d'une part dans la déposition recueillie par l'inspecteur Langlois pour l'un, et d'autre part dans le rapport de nos collègues du PGHM pour l'autre frangin. Et c'est la même date. Ils étaient jumeaux, chef, c'est comme les deux doigts de la main !

— Vous voulez dire qu'Alexandre, en comprenant qu'il avait affaire à d'Antin, l'a tué pour venger son frangin ?

— Cela me paraît une explication possible. Il y a un autre indice. Alexandre s'est tué en voiture le soir même. On n'a rien retrouvé de ses affaires, puisque tout a brûlé, et notamment la corde qui a été sectionnée. Il restait deux choses : une paire de crampons et deux piolets. Pourquoi deux ? Je suis prêt à parier qu'ils n'avaient pas la même longueur, et que l'un des deux était celui de d'Antin.

— On ne le saura jamais, lieutenant. Seuls nos collègues de 1983 auraient pu le vérifier. De même que la date de naissance. Cela dit, à leur décharge, ils n'avaient pas de macchab, contrairement à nous.

16 juillet 1983, quinze heures trente

— Comment vous savez que je m'appelle Dujardin ?

— Vous ne me reconnaissez pas ?

— Non Monsieur, je m'appelle effectivement Alexandre Dujardin mais je ne vous connais pas.

— Mais alors, vous n'êtes pas Antoine Dujardin ?

— Non, c'est mon frère ! mon frère jumeau ! Et vous, vous êtes qui ?

— Guillaume d'Antin.

— Ah c'est vous le salopard qui l'a viré et pris sa femme ?

— Ah cela suffit ! Ça ne va pas recommencer ! Sa femme, elle le voulait bien, et s'il a quitté l'entreprise, il y avait des raisons !

Alexandre Dujardin se maîtrisa. Cet homme était en danger, et lui aussi sur un glacier à cette heure très tardive. S'il s'était dérouté, c'était pour l'aider. Il prit la décision de calmer le jeu. Les explications viendraient plus tard. Il reprit la conduite des opérations, en professionnel de la montagne qu'il était.

— On ne va pas régler ce genre de compte maintenant, on en reparlera plus tard. Pour l'instant, encordez-vous et suivez-moi ; vous êtes sorti de la trace et il va falloir traverser le glacier.

Joignant le geste à la parole, Alexandre Dujardin avait sorti la corde de son sac, s'était encordé et avait préparé un nœud en huit pour ce compagnon tellement peu désirable. Il surveilla que d'Antin s'encordait correctement tout en faisant des anneaux de buste.

— Il faut sortir de là rapidement maintenant ; c'est beaucoup trop tard pour être sur un glacier, surtout quand on est seul. Dans un premier temps, vous allez me suivre parce qu'on va traverser le glacier dans le sens de la largeur, et j'ai plus l'habitude que vous pour repérer les crevasses. Quand nous aurons rejoint la rive gauche, vous passerez devant moi et on marchera corde tendue.

D'Antin n'avait pas du tout l'habitude qu'on le commande comme cela. Mais il n'avait pas le choix. Il s'exécuta et suivit Dujardin. Les deux hommes se mirent en marche.

Dujardin pensait tout en cheminant à travers les crevasses. De temps en temps il donnait des instructions : « Attention, corde tendue ! », « On va traverser un pont, là, assurez-moi, et je vous fais venir ». Il n'avait pas confiance dans ce type. Ce salaud qui avait viré son frère et piqué sa femme. Les souvenirs lui revenaient un à un : le désespoir de son frangin, son chômage, sa tentative de suicide. Heureusement qu'avec sa connaissance du milieu alpin, il avait pu l'aider à retrouver du boulot chez Petzl. Son frère avait rebondi, sur un plan professionnel d'abord, puis affectif ensuite, en retrouvant une femme. Mais quelle traversée du désert et quelle souffrance ! Il se retourna pour jauger d'Antin. Le mal qu'il avait fait n'avait pas l'air de le déranger outre mesure. Dujardin se dit qu'il allait terminer la course et lui dire son fait en bas. Lui casser la gueule, pourquoi pas ? Cela ne changerait rien au passé, mais cela lui ferait du bien à lui et ferait peut-être comprendre à l'autre le mal qu'il répandait sur son passage.

Il fut tiré de ses réflexions par une brusque secousse. Instinctivement, il enfonça son piolet dans la neige à travers la queue de vache qu'il avait préparée à l'avance. Il se retournait quand il entendit :

— Merde !

Le spectacle était éloquent : d'Antin avait traversé un pont de neige. Seuls ses épaules et ses bras émergeaient du glacier. Son sac et ses avant-bras qu'il avait repliés instinctivement le retenaient à la surface. Dujardin savait que ce n'était pas pour longtemps. Il eut juste le temps de s'assurer que la corde était tendue et le pont de neige finit de s'écrouler. D'Antin disparut de la surface avec un nouveau « Merde » éloquent. La corde se tendit sur le piolet que Dujardin avait enfoncé sur toute la longueur du manche. Fort heureusement, il était sorti de la zone dangereuse, et le piolet tint bon. Il évalua rapidement la situation pendant que l'autre braillait :

— Dujardin ! Sortez-moi de là Nom de Dieu !

Le pont de neige s'était effondré sur toute sa largeur, soit environ quatre mètres. Ce devait être une sacrée crevasse pour être large comme cela. D'Antin avait chuté de cette largeur plus le mou de la corde ; il devait être à cinq mètres en dessous de la surface. Son piolet était resté sur le glacier, et Dujardin, ignorant les braillements paniqués de son compagnon improvisé, le glissa sous la corde pour qu'elle ne scie pas trop la lèvre de la crevasse. Puis il se décorda. Pas la peine d'être entraîné à son tour si le piolet lâchait. L'autre en dessous continuait à vociférer.

Dans la crevasse, seize heures

Guillaume d'Antin n'avait pas évalué la gravité de sa situation. Seul comptait dans un premier temps le fait que lui, à qui tout réussissait, notamment l'argent et les femmes, se trouvait en situation d'échec, encordé avec un minable, frère d'un autre minable. Au bout de quelques minutes, il prit enfin le temps de regarder autour de lui. Au-dessus de lui, le trou béant qu'il avait créé en traversant le pont de neige. Il pouvait apercevoir quelques cumulus défilant dans le ciel. À sa droite, un mur de glace incurvé, à sa gauche pareil. La crevasse était en forme de poire et il était pendu comme un saucisson au beau milieu, chaque mur étant distant de deux mètres. Il entreprit de donner un mouvement pendulaire à la corde pour essayer d'accrocher une des parois, mais chaque fois la pesanteur le ramenait au beau milieu. Il osa regarder sous lui et commença à réaliser le danger : les deux parois filaient verticalement mais on n'en voyait pas la jonction, un bouchon de neige fraîche obstruant la crevasse quinze mètres en dessous. De sinistres glouglous témoignaient de la fonte progressive de la neige ruisselant sur les parois. Il ne sentait pas encore le froid. Il ne pouvait voir Dujardin, mais l'entendait distinctement. Il hurla à nouveau :

— Dujardin ! Qu'est-ce que vous foutez ? Sortez-moi de là Nom de Dieu !

Surface du glacier, seize heures dix

Alexandre Dujardin avait jusqu'à présent ignoré les braillements de d'Antin, trop occupé qu'il était à mettre en place l'amarrage de fortune. Il finit par répondre, aussi calmement que possible :

— C'est vous qui allez sortir de là ! Faites deux nœuds de Machard sur une cordelette ! Un sur le baudrier, l'autre avec une sangle où vous mettez votre pied !

— Mais j'ai pas tout cela !

— Je vais vous passer cela sur le brin de corde libre. Ne bougez plus, vous risquez d'arracher l'amarrage !

Dujardin prépara deux nœuds autobloquants, et les descendit avec deux sangles sur le brin de corde disponible.

— Mais je fais quoi avec cela ?

La situation devenait critique. Si d'Antin ne savait pas remonter une corde, Dujardin, lui, maîtrisait mal la technique du mouflage. Personne à l'horizon pour l'aider. L'autre en dessous paniquait de plus belle et commença à l'insulter.

— Décidément, vous êtes aussi nul que votre frère ! Sortez-moi de là !

Ce fut le mot de trop. Alexandre Dujardin, comme tous les êtres solitaires un peu primaires, agissait sans réfléchir. Il avait réussi à garder son calme jusqu'à présent, mais là, la coupe débordait. Ce salaud qui avait nui gravement à son frangin, et qui se permettait de l'insulter ? Il allait voir. Sans réfléchir, il récupéra le piolet de d'Antin et abattit de toutes ses forces la panne sur la corde tendue. Cette dernière fut entamée mais résista. Dujardin sortit son opinel et la trancha net.

Un cri. Un bruit mou et sourd. Et puis plus rien.

Alexandre Dujardin regarda autour de lui. Personne. Il rampa jusqu'au bord de la crevasse. D'Antin avait crevé le bouchon de neige en tombant. Rien. On ne voyait plus rien. Il réalisa à ce moment qu'il venait de tuer un homme. Machinalement, il récupéra les deux piolets, plia la corde, mit le tout dans son sac et entreprit de redescendre le glacier.

D'abord, ce n'était pas un homme. C'était une saloperie qui ne savait faire que du mal autour de lui. Est-ce qu'on se pose des questions quand on tue un frelon ou une vipère ? Non. Là, c'était pareil. C'était même mieux, parce qu'un frelon n'a pas conscience de ce qu'il fait. Il allait garder cela pour lui, personne ne l'avait vu. Il fallait juste se débarrasser du piolet de d'Antin et de la corde coupée. Les balancer dans une crevasse ? Non, on risquait de les retrouver un jour. Le piolet, c'était facile, il suffisait de l'oublier dans un refuge, il ne mettrait pas longtemps à être récupéré. La corde, c'était plus délicat, elle était coupée, donc identifiable. Il faudrait qu'il y réfléchisse. Allait-il en parler à son frère ? À voir. Pas tout de suite en tout cas. Pour l'instant, il allait descendre sur Vallouise, récupérer sa voiture à Ailefroide, passer au bureau des guides pour le programme de la semaine prochaine. Après, on verrait.

Sur la route des Vigneaux, vingt-trois heures

Alexandre était perdu dans ses pensées. Il était descendu du glacier sans encombre, avait fait du stop pour rejoindre sa voiture, et dîné avec des copains. Ils avaient bu quelques bouteilles, ce qui le mettait dans un état second qui l'empêchait de trop réfléchir. De toute manière ce qui était fait était fait.

Il ne vit le chevreuil débouler de la montagne que lorsque ce dernier s'était immobilisé devant la voiture, tétanisé par ses phares qui le fixaient sur place. Instinctivement, il donna un coup de volant.

La suite alla très vite : la voiture percuta la glissière de sécurité, fit trois tonneaux avant de s'immobiliser sur une plate-forme en contrebas.

Alexandre était trop sonné pour s'extraire de la carcasse. Il murmura :

— La corde, le piolet...

Ce furent ses dernières paroles. Quelques secondes plus tard, il sombrait dans le coma tandis que la voiture s'embrasait.

L'AUTEUR

Dominique Tetreau a deux passions : la montagne et la littérature.
Après une carrière menée en entreprise dans des fonctions commerciales, il a mis à profit sa première année de retraite pour écrire son premier thriller, «Le deuxième piolet».

Dans la même collection

MONT-BLANC NOIR

- *Quatorze*, Aymeric VINOT
- *100 000 $ pour l'Everest,* Yves BALLU
- *Enquête sur le toit du monde*, Matt DICKINSON
- *Tempête meurtrière*, Matt DICKINSON
- *Le narval*, Peter D. Mason
- *Décimés*, Elsa GODET
- *Ésaü*, Philip KERR
- *Nous n'étions que des hommes*, Alexandre BARTHELEMY
- *Le deuxième piolet*, Dominique TÉTREAU
- *Les damnés du Llullaillaco*, Peter D. MASON
- *L'escalade d'après*, Joshua BRYAN
- *La femme du Kilimandjaro*, Marianne et Arnaud BUFFIN-PARRY

ACHEVÉ D' IMPRIMER
EN DÉCEMBRE 2022
PAR SEPEC Numérique
01890 PERONNAS
N24132221150
FRANCE

PEFC 10-31-3532 / Certifié PEFC / Ce produit est issu de forêts gérées durablement et de sources contrôlées. / pefc-france.org